Das Alstertal

Urs Kluyver/Bernd Schiller
Ellert & Richter Verlag

Das Alstertal

Hummelsbüttel, Wellingsbüttel, Sasel, Poppenbüttel, Lemsahl-Mellingstedt, Duvenstedt und der Brook

Inhalt

Das Abenteuer vor der Haustür

Nichts ist, wie es scheint, nichts bleibt, wie es ist. Eben noch hatten wir die Alster rechts vom Wanderweg, sprudelnd und klar; jetzt, keine hundert Meter weiter, fließt sie links von uns, schlammig und braun, der Stadt entgegen. Still ist es, bis auf den Gesang der Vögel und die Paddelschläge eines Kanuten; manchmal hämmert ein Buntspecht gegen einen Baum. Plötzlich aber zerreißt Fluglärm die Idylle – das Alstertal liegt direkt in der Schneise von Fuhlsbüttel –, und nach der nächsten Weggabelung, fast schon im Herzen Poppenbüttels, wabern Straßengeräusch und Dieselgestank bis an den Fluß hinunter.

Zum Alstertal – im Sinne dieses Buches – gehören die neuen Trabantenviertel von Hummelsbüttel und Poppenbüttel, die Neubaugebiete von Duvenstedt und Lemsahl-Mellingstedt, aber auch die Fachwerkhäuser aus längst vergangenen Zeiten, jahrhundertealte Dorfweiher neben großzügigen Schulkomplexen, gewachsene Ortskerne neben sterilen Zentren vom Reißbrett unserer Tage, die Wellingsbütteler Villen ebenso wie die Saseler Siedlerhäuser, die Lemsahler Bauernkaten wie die Poppenbütteler Hochhäuser, der brandende Verkehr auf dem Ring 3 einerseits und die stille Wildnis des Duvenstedter Brooks andererseits. Wir zählen zum Alstertal nämlich auch die beiden Walddörfer Duvenstedt und Lemsahl-Mellingstedt; sie werden „politisch" zwar von Volksdorf und nicht wie das „eigentliche" Alstertal mit den Orten Poppenbüttel, Hummelsbüttel, Wellingsbüttel und Sasel von Poppenbüttel aus verwaltet. Aber sie liegen eben auch am Oberlauf der Alster, auf Hamburger Gebiet; deshalb haben wir die Verwaltungsgrenzen nicht so eng gesehen. Beide Walddörfer sind überdies eher nach Poppenbüttel als zum viel weiter entfernten Volksdorf hin orientiert.

Das Alstertal ist, anders als Blankenese und Harvestehude – die beiden anderen bevorzugten Wohngebiete der Hamburger –, erst vor drei oder vier Jahrzehnten zusammengewachsen. Noch sind an vielen Stellen die Relikte der ländlichen Vergangenheit gut sichtbar, ja sogar die Spuren der urgeschichtlichen Vorzeit, und immer mehr Menschen finden Spaß daran, das Althergebrachte zu suchen und zu pflegen, Erinnerungen an die Geschichte aufzufrischen, die Umgebung – die Heimat – mit wachen Augen wahrzunehmen. So verstanden, wollen Fotograf und Autor zu einer Entdeckungsreise in die unmittelbare Nähe anstiften.

Das Buch versteht sich dabei nicht als Heimatkunde im strengen Sinne. Wohl enthält es die wichtigsten Daten zur Geschichte der beschriebenen Dörfer, natürlich werden auch die Herrschaften genannt, die vor Jahrhunderten über Wohl und Wehe zu sagen hatten. Aber mindestens so wichtig wie die alten Urkunden, das Hin und Her der Besitzverhältnisse, war es uns, Stimmungen und Atmosphäre einzufangen. Wir wollten das Lebensgefühl von heute spiegeln, die Menschen in ihrer Umgebung zeigen, ihre Treffpunkte und Läden abbilden, die Geschichten der letzten zwei, drei oder vier Generationen in die Zukunft hinüberretten. Kurz gesagt, wir wollten wiedergeben, was Heimat im Alltag bedeutet: Kneipen und Kirchen, Vereine und Laienspielgruppen, herausragende Persönlichkeiten und die liebenswerten Originale, die zu jedem Gemeinwesen gehören. Deswegen haben wir nicht nur in alten Büchern und Archiven gestöbert, sondern uns viel lieber mit den Menschen in unserer Umgebung unterhalten. Das meiste, was dieses Buch an Bildern und Informationen enthält, an ernsten und an schnurrigen, an kritischen und an nachdenklichen, stammt aus über hundert solchen Begegnungen mit zumeist älteren Alstertalern und Walddörflern. Denen hat es Spaß gemacht, in ihren Erinnerungen und Fotoalben zu kramen. Manche wußten noch genau, was ihnen Eltern und Großeltern von deren Eltern und Großeltern erzählt hatten; andere berichteten spannend und amüsant aus einer Vergangenheit, die womöglich gerade mal zwanzig oder dreißig Jahre zurückliegt.

Wenn Neubürger ins Alstertal ziehen – immer mehr tun es –, dann gehen sie schon bald nur zu gern auf Spurensuche in ihrer neuen Umgebung. Irgendwann spüren sie, daß sie dazugehören möchten, irgendwann wollen sie wissen, was der Name ihres Stadtteils eigentlich bedeutet oder wer derjenige war, nach dem ihre Straße benannt ist. Ihnen soll mit dieser Bild- und Textreise in eine der schönsten Hamburger Regionen Lust auf das Abenteuer vor der Haustür gemacht werden. Die Alteingesessenen hingegen mögen Freude am Wiederentdecken und am Erinnern haben.

Hummelsbüttel: grüne Idylle im Süden des verstädterten einstigen Bauerndorfes. Der Alsterwanderweg zieht sich am Rande des Teetzparks entlang, einer von alten Bäumen geprägten öffentlichen Grünanlage. Im Norden brandet der Verkehr auf der Alten Landstraße, im Süden begrenzt die Alster zwischen Reiterbrücke und Kühnbrücke das Wäldchen, das nach der einstigen Besitzerfamilie Teetz benannt wurde.

Wellingsbüttel: Symbol gediegener Wohnkultur im Alstertal. Das Torhaus der edlen Herren von Kurtzrock, 1757 vermutlich vom bayerischen Architekten Georg Greggenhofer erbaut, gilt als ein Juwel wohlerhaltener, adliger Repräsentanz im Norden Hamburgs. Heute finden hier Musikabende, Dichterlesungen und Ausstellungen zeitgenössischer Kunst statt.

Sasel: die Mellingburger Schleuse am Nordwestrand des bürgerlich-bodenständigen Stadtteils. Zwei Stauvorrichtungen halten hier seit 1835 die starke Strömung der Alster auf. Die Schleuse und das gleichnamige Gasthaus oberhalb des Wehrs sind seit Generationen traditionelle Ausflugsziele der Hamburger.

Poppenbüttel: Rapsblüte im Süden des lebhaften, gewachsenen Stadtteils, der sich zur „Metropole" des Alstertals entwickelt hat. Die ländliche Vergangenheit Poppenbüttels, die erst um die Mitte des 20. Jahrhunderts zu Ende ging, ist fast nur noch an seinen Rändern erkennbar.

Lemsahl: bäuerliche Architektur am alten Dorfplatz. Der Hof im Hintergrund, 1904 erbaut, gehörte früher dem Bauern Gustav Fick. Das reetgedeckte Fachwerkhaus war einst das Altenteil des Krachtschen Gehöfts.

Duvenstedt: Der Gärtnereibetrieb „Pflanzen-Körner" mag als Symbol eines aufblühenden Stadtteils angesehen werden. Das nördlichste Stückchen Hamburg befindet sich im radikalen Umbruch. In Sichtweite der Rosenfelder, die hier Josef Cremer pflegt, wachsen neue Großsiedlungen zwischen Poppenbütteler Chaussee, Specksaalredder und Trilluper Weg heran.

Duvenstedter Brook: Wildnis am Rande der Millionenstadt. Moor- und Bruchlandschaften wie an der Ammersbek zwischen Brügkamp und Ole Boomgarden in der Nähe des Wohldorfer Waldfriedhofs prägen das 780 Hektar große Naturschutzgebiet.

Hummelsbüttel

Im Zentrum des südwestlichsten Alstertaldorfes bestimmen hohe Wohnhäuser das moderne Ortsbild. Aber überall im alten „Ulenbüttel“, wie der hier einst ansässige niederdeutsche Poet Hermann Claudius sein Dorf in seinen Gedichten liebevoll genannt hat, erinnert viel Grün an die ländliche Vergangenheit. Die ehemalige Sievertsche Tongrube (westlich der Straße Am Hehsel), die dieses Bild zeigt, ist heute ein botanisches Denkmal. Wo früher Ton abgebaut wurde, wachsen heute Augentrost, Tausendgülden oder Teufelsabbiß.

Auf der Suche nach dem alten Dorf

Es war einmal … in den dreißiger Jahren, als Ernst Friebel im Spätherbst von Hof zu Hof zog, um beim Schlachten zu helfen. Überall gab es einen Grog gegen die Triefnase und noch einen auf den Weg. Sein eigener Laden, die Schlachterei Friebel, berühmt für ihre Knoblauchwurst, war neben Bäcker Behrmanns Grützmühle zu finden, dort wo heute fast nur noch der Straßenname Grützmühlenweg an die dörfliche Vergangenheit erinnert. Die Mühle selbst, 1962 am alten Platz abgebrochen, steht längst im Volksdorfer Museumsdorf, zum milden Groll der Hummelsbütteler, die das Relikt viel lieber bei sich im Ort gesehen hätten.

„Es war einmal" und „Weißt du noch …" – von dieser Art sind die Anekdoten, die sich die Alteingesessenen erzählen, wenn sie zum Beispiel bei Harry Gerull in der guten Stube an der Distelkoppel sitzen. Harry Gerull ist mit Jutta, geborene Wells, verheiratet. Und wer in Hummelsbüttel Wells heißt, gehört zum Dorfadel. Die Wells' waren seit vier Jahrhunderten Erbgesessene auf zwei Höfen, wie aus den alten Dorfchroniken hervorgeht. Albert Wells, Juttas Großvater, hatte noch zu Anfang dieses Jahrhunderts das Schankrecht auf seinem Hof; er war also Großbauer und Kröger zugleich. Und dann war da noch Hans Wells, 1908 in die zweite Wells-Linie hineingeboren. Er hatte 1932 die Tochter von Otto Berott geheiratet, dem Wirt mit dem größten Gasthaus am Ort. Jeder alte Hummelsbütteler kennt auch heute noch den Namen Berott. Über Generationen haben die Dorfbewohner dort rund ums Jahr ihre großen und kleinen Feste gefeiert. Die Wirtschaft hieß „Zum alten Zoll", eine Reminiszenz an die dänische Grenzstation, die einst neben dem Gasthof gestanden hatte. Wenn die Schule absolviert war, bei den Jungen mit 15, bei den Mädchen schon mit 14 Jahren, marschierte man brav – in den dreißiger Jahren mit Lehrer Steinert – zu Berott. Wo heute das markante Haus der Zeugen Jehovas steht, tanzten die Schüler damals den Reigen zum Schulabschluß. Berotts Saal mit Kegelbahn, vor allem aber der parkähnliche Garten, in dem steinerne Putten die feine Welt markierten, waren vor gut sechzig Jahren ein beliebtes Ausflugsziel der Hamburger. Mit Pferd und Wagen fuhr man hinaus nach Hummelsbüttel, und das hieß seinerzeit: hinaus aufs Land. Denn noch 1938, heute kaum mehr zu glauben, lag Hummelsbüttel „in der Verborgenheit". So charakterisierte der Heimatforscher Armin Clasen sein Dorf, dem er damals eine umfangreiche Chronik widmete: „Abseits vom Verkehr, abseits von der Straße, hat es auch abseits der großen Ereignisse unsrer heimatlichen Geschichte gestanden. Wie es noch heute im Kern fast unberührt ist, so ist es auch verschont geblieben von großen Tagen, die es in Geschichts- und Heimatbüchern bekannt gemacht hätte …"

Wehmut schwingt mit, wenn die Alteingesessenen heute von den turbulenten Dorffesten erzählen. Auch die einst vier Ziegeleien stehen oft im Mittelpunkt von Erinnerungsgesprächen. Mit ihren Wander- und Saisonarbeitern haben diese Betriebe bis weit in die Kriegs- und Nachkriegsjahre das Hummelsbütteler Leben mit geprägt. Während das Werk I der Familie Steinhagen noch bis 1968 seinen Betrieb aufrechterhielt, waren kurz vorher bereits bei Möller + Förster die Brennöfen ausgegangen. Auch von den Torfstechern im Raakmoor ist bei solchen Rückblicken die Rede, und von der letzten Schmiede, die dort gestanden hat, wo heute rund um die Markthalle ein wenig südliches Flair im Schatten acht- und zehnstöckiger Häuser blüht.

Der Hummelsbütteler Architekt und Heimatforscher Heinrich Steinfath hat uns überliefert, wie nach dem Beginn der Industrialisierung und der Zunahme der Bevölkerung in Hamburg und auf den Dörfern der Nachbarschaft immer größere Mengen an Ziegelsteinen gebraucht wurden: „Da reichten die alten Feldbrennöfen nicht mehr aus, um den Bedarf an Ziegelsteinen zu decken. Es entstanden die gewerblich genutzten Ziegeleien mit gemauerten Kanalöfen oder den Ringöfen unter einem Dach mit den danebenliegenden großen Trockenschuppen, meistens in Holzbauweise errichtet."

Nicht nur Ortsansässige, sondern auch Saisonarbeiter aus der Grafschaft Lippe, aus Pommern und Westpreußen waren als Ziegler tätig. Ihre Arbeitszeit betrug nach einer Vorschrift von 1892 14 Stunden täglich bei einer Sechstagewoche. Sonderregelungen verpflichteten die Arbeiter mitunter auch zur Arbeit an Sonn- und Feiertagen.

Zurück zu Harry Gerull. Er gehört zu den Hummelsbüttelern, die noch viel von der alten Zeit bewahrt haben, obwohl er selbst vor einigen Jahrzehnten als Architekt an der Gestaltung der neuen Silhouette von Hummelsbüttel maßgeblich beteiligt war. So wie er sprechen gleichwohl noch viele Nachbarn und Freunde vom „Dorf", wenn der Ortskern gemeint ist. Im Partykeller bewahrt Harry Gerull den letzten Amboß aus der historischen Schmiede auf; er hütet Torfmesser bei sich zu Hause, alte Dorfansichten und den Säbel der Königsulanen, den Schwiegervater Albert Wells vor dem Ersten Weltkrieg getragen hat.

Die Schmiede ist erst vor gut zwanzig Jahren abgebrannt. Der letzte Mann an der Esse hieß Albert Carstens, ein Schwiegersohn von Albert Soltau, dessen Name bis zum Schluß das Schild über der alten Werkstatt zierte. Dieser Soltau gehörte übrigens mit Albert Wells und dem Gastwirt Berott zu den Gründern der Hummelsbütteler Feuerwehr. Es war im April 1890, als man sich auf dem Hof von Jochen Ruge in der Dorfstraße zusammenfand, um die erste Wehr zu gründen. Erster Feuerwehrhauptmann war der Gastwirt Johann Hinrich Berott, Vater von Otto Berott. Wie wir aus dem Buch „Liebes altes Hummelsbüttel" des langjährigen Küsters Hans-Gerhard Müller wissen, stand den Männern der Wehr in den Jahren bis zum Ersten Weltkrieg nur eine Handdruckspritze zur Verfügung, die liebe- und respektvoll „Großmutter" genannt wurde. Ihre Nachfolgerin, immerhin bis zum Ausbruch des Zweiten Weltkriegs im Einsatz, hieß „Lieschen". Erst während des Kriegs kam erstmals ein Motorfahrzeug in den Fuhrpark.

Frische Landmilch vom „Butterbauern"

Einer, der genau wie Harry Gerull die Hummelsbütteler „Staatsangehörigkeit" geerbt hat und ebensogern Döntjes von früher erzählt, ist Jürgen Ruge, einer von vier übriggebliebenen Bauern in Hummelsbüttel. Sein Hof am Rehagen grenzt an den Poppenbütteler Weg, den heutigen Ring 3; nach hinten laufen seine Felder in die Hummelsbütteler Feldmark bis in die Nähe des Raakmoors. Dieses Naturschutzgebiet gilt als letztes großes Hochmoor im Hamburger Nordwesten. Wo der Hummelsbütteler Moorgraben 1977 aufgestaut wurde, blüht heute wieder Sonnentau auf den weiten Wollgraswiesen, und Libellen kreisen über der Glockenheide und dem Gagelstrauch. Das Raakmoor zieht sich von Hummelsbüttel bis nach Langenhorn und hin zum Norderstedter Ortsteil Glashütte. Vor dieser geschützten Naturkulisse baut Jürgen Ruge Getreide und Raps an. Die Viehwirtschaft hat er längst aufgegeben. Aber er weiß noch, wie es vor sechzig Jahren war, als sein Vater und die anderen „Butterbauern", wie man sie in Hummelsbüttel nannte, die Milch frühmorgens nach Barmbek lieferten. Bis sechs Uhr mußten sie bei Scholten in der Fuhlsbütteler Straße sein: „Das hieß für die Milchfahrer: früh aufstehen. Und sie mußten langsam fahren, hier draußen auf dem Kopfsteinpflaster sowieso nur im Schrittempo, sonst wären sie schon mit Schlagsahne in der

Die Grützmühle aus Hummelsbüttel (links neben dem Spiekerhus) steht zum Kummer der Hummelsbütteler seit langem im Volksdorfer Museumsdorf.

Molkerei angekommen." Das Melken war damals übrigens ausschließlich Frauensache. Auf dem Rugeschen Hof begannen fünf Melkerinnen morgens um drei mit der Arbeit. Milchmann Scholten fuhr dann, wie einst Bolle in Berlin, die frische Landmilch aus dem Alstertal in weiten Teilen Hamburgs aus. Nur drei weitere Familien setzen heute noch die landwirtschaftlichen Traditionen der einst großen und stolzen Hummelsbütteler Bauernschaft fort. Das ist zum einen der Hof von Claus Mohr, an der Glashütter Landstraße gelegen: 54 Hektar Ackerland bearbeitet er, und etwa 30 Pferde stehen bei ihm in Pension. Vor gut 30 Jahren hat er den Hof von seinem Vater Alwin übernommen, der 1937 aus Garstedt kam und die Landwirtschaft von Emil Gerckens pachtete. Alwin Mohr hatte 1933 Martha Gerckens geheiratet, die aus einer der traditionsreichsten Bauernfamilien Hummelsbüttels stammte. Damals lag der Hof auf dem Heidberg. In den dreißiger Jahren studierte man dort die Zeitung noch bei

Der Teetzpark mit seiner alten Villenbebauung gehört zu den waldähnlichen Anlagen am Hummelsbütteler Ufer der Alster.

Seit 1953 können die Hummelsbütteler Gottes Wort in ihrer eigenen Kirche hören. St. Christophorus (gegenüberliegende Seite) löste das Provisorium in der alten Schule an der Glashütter Landstraße ab, wo nach dem Krieg Pastor Erich Meder das Gemeindeleben unter schwierigen Bedingungen aufgebaut hatte.

Petroleumlicht, und das Wasser kam aus dem eigenen Brunnen. Nachdem Brandbomben 1941 diesen Besitz vernichtet hatten, zogen die Mohrs bald darauf zum Glashütter Weg, wo seit 1953 ein Wohn- und seit 1965 ein neues Zweifamilienhaus steht.

Auch der Hof von Wilhelm Schmidt steht an der Glashütter Landstraße. Gemeinsam mit seinem Sohn Hans-Wilhelm bewirtschaftet er knapp 20 Hektar Eigenland und etwas über 33 Hektar Pachtland. Angebaut wird Getreide, im Stall und auf den Weiden stehen 85 Kühe.

Der vierte der letzten Hummelsbütteler Bauernhöfe ist der Dabelsteinsche Hof, seit über hundert Jahren im Familienbesitz. Zu ihm gehören etwa 40 Rinder. Bis vor 25 Jahren stand das Anwesen am Tegelsbarg, an der Grenze zu Poppenbüttel. Als dort eine der größten Neubausiedlungen im Norden Hamburgs hochgezogen wurde, mußte Wilhelm Dabelstein weichen. Zwei Kilometer weiter nördlich, am Kiwittredder, bauten sich die Dabelsteins schweren Herzens Haus und Hof wieder auf. Heute bewirtschaftet der Sohn Klaus Dabelstein den Betrieb.

Auch bei den Ruges hat sich viel gewandelt. Wo die Familie einst auf einen üppigen Vorgarten sah, donnert heute der Verkehr auf dem Ring 3 in Richtung Flughafen vorbei: „Alles hat sich bei uns verändert, viel rasanter als anderswo im Alstertal", bedauert Bauer Ruge. Noch um die Mitte dieses Jahrhunderts, nach dem Zweiten Weltkrieg, wurden die Felder mit Pferdekraft bestellt. Als 1951 bei Ruge der erste Traktor auf den Hof rumpelte, strömten die Hummelsbütteler zusammen, um das technische Wunderwerk zu bestaunen. Solange noch das bäuerliche Leben den Alltag im Dorf bestimmte – und das war immerhin bis vor etwa 45 Jahren so –, trafen sich nahezu alle Einwohner in ihren zahlreichen Vereinen. Bei Berott und im Gasthof „Zur Lohe" tagten und feierten die Mitglieder vom Theaterverein, die Veteranen vom Kyffhäuserbund und die Freiwillige Feuerwehr. Heute bemühen sich mit Erfolg der Heimatverein, der „kleine HSV" (Hummelsbütteler Sportverein) und die engagierte Gruppe „Hummelsbütteler Bürger helfen Bürgern" um ein Wir-Gefühl in dem Dorf, das schon längst keines mehr ist.

Der Heimatverein hat etwa hundert Aktive unter seinen 250 Mitgliedern. Geleitet wird er von Hans-Peter Voß, einem pensionierten Banker. Als er Ende der fünfziger Jahre an den Distelweg zog, grenzte sein Grundstück noch an Felder und Kartoffeläcker. Die Straße Am Karpfenteich, heute eine der besten Adressen im feinen Teil von Hummelsbüttel, war ein Sandweg, die Müllabfuhr kam mit Pferd und Wagen, und die meisten Nachbarn heizten noch mit Kohle. Wenn sich auf der Hummelsbütteler Hauptstraße der Bus und ein Lastwagen begegneten, mußte einer von ihnen auf den Fußweg ausweichen.

Wie einige andere Bürgervereinigungen aus den Nachbarorten entstand der Heimatverein aus einer Protestbewegung. Man wollte, als die großen Bauplanungen bekannt wurden, das Schlimmste verhindern. Und, Hans-Peter Voß erinnert sich, „in der Tat haben wir einiges abwenden können. So sind – Gott sei Dank – nie die sechsstöckigen ‚Bandwürmer' hochgezogen worden, die mal am Immenredder gebaut werden sollten. Aber der Wandel vom Dorf mit höchstens 6000 Einwohnern zum Stadtteil dreifacher Größe war nicht mehr aufzuhalten. In Hamburg war halt damals die Wohnungsnot groß, und hier in Hummelsbüttel, das ja erst seit 1937 zur Hansestadt gehörte, gab es reichlich Platz."

Trauer um das alte „Ulenbüttel"

Einige Bauern, denen die größten Landflächen gehörten, hatten sowieso keine Nachfolger für den Hof. Außerdem lockte auch, wie meistens in solchen Fällen, das große Geld. Erst später, als die Hektik der neuen Gründerzeit vorbei war und sich ein Traditions- und Milieubewußtsein einstellte, trauerte man über das verlorene Gesicht des ehemaligen Dorfes; mehr als vierzig Strohdachhäuser und Katen waren abgerissen worden oder abgebrannt. Das alte „Ulenbüttel", wie der Dichter Hermann Claudius den Ort in vielen Gedichten liebevoll genannt hat, war nicht mehr.

Lange Jahre hat Hermann Claudius im „Eschenhus" gewohnt. So wurde sein Haus am Hummelsbütteler Weg genannt. Gegenüber der einstigen Dichterklause steht heute die Post. Der Urenkel des „Wandsbeker Boten" Matthias Claudius, verwandt auch mit Johannes Brahms und Theodor Storm, war 1878 in Langenfelde bei Altona geboren worden und ist 1980, kurz vor seinem 102. Geburtstag, in einem Hamburger Krankenhaus an den Folgen eines Sturzes gestorben. Dieser

Sturz passierte auf der Treppe seines Hauses in Grönwohld bei Trittau. Dorthin war er 1960 von Hummelsbüttel aus gezogen – als ihm nach eigener Aussage das Dorf zu laut geworden war; seine Witwe Gisela lebt noch an dem kleinen Weg in Grönwohld, der längst den Namen des Dichters trägt. An der Tür seines Hummelsbütteler „Eschenhus" hatte gestanden: „Hermann Claudius, Lyriker". Und er war ein großer Lyriker, weit mehr als „nur" ein Heimatdichter. Dieser Ruf hat den des „Politikers" überlebt, denn Hermann Claudius mußte sich nach dem Krieg rechtfertigen, weil er sich von den Nazis hatte feiern lassen, er, der zum Jungsozialistentag von 1921 das Lied „Wann wir schreiten Seit' an Seit' ..." gedichtet hatte. Die Hummelsbütteler wollten davon bald nichts mehr hören, für sie war der grüblerische Alte vom „Eschenhus" ein niederdeutscher Poet, der ihrem Dorf und darüber hinaus Norddeutschland und seinen Menschen ein literarisches Denkmal gesetzt hat.

Ein anderer Künstler, der Maler Ernst Eitner, 1867 in Hamburg geboren, 1955 in Hummelsbüttel gestorben, wurde ebenfalls weit über das Dorf hinaus bekannt, in dem er seit 1903 gelebt hat. Eitner hatte in Antwerpen studiert und in Paris und Rom ausgestellt, er hat schon 1917 den Professorentitel verliehen bekommen und später Studienreisen nach Italien und nach Sylt unternommen. Aber seine große Liebe gehörte zeitlebens dem Alstertal. Er hat den Timmschen Hof mit der Grützmühle gemalt, den Schäfer Abel mit seiner Herde, mit der dieser damals durch die Hummelsbütteler Feldmark zog, auch die Mellingburger Schleuse im Dreidörfereck zwischen Sasel, Lemsahl-Mellingstedt und Poppenbüttel.

Wie hat die Geschichte des Dorfes Hummelsbüttel in grauer Vorzeit angefangen? Alte Chroniken mutmaßen, daß alles mit einem Hunmar begonnen hat. Wie in anderen Bütteldörfern mag auch hier der Name des Gründers einer Ansammlung von Häusern am Beginn der Geschichte gestanden haben. Aber keine Urkunde, nichts Konkretes weist auf diesen Stammvater der Hummelsbütteler hin, der – unklaren Überlieferungen zufolge – vor etwa tausend Jahren hier gelebt haben soll. Manche Heimatforscher nehmen an, daß Hummelsbüttels Wurzeln tief in die vorkarolingische Zeit bis in die ersten Jahre des 8. Jahrhunderts reichen. Mit Brief und Siegel taucht der Ortsname in seiner heutigen Schreibweise allerdings nicht vor 1319 auf.

Über eine Familie von Hummersbüttel, später auch Hummersbutle, Hummersbotel und Hummelbuttel geschrieben, berichten die Urkunden hingegen schon im Jahre 1253. In ihrem Wappen ist das Richtrad zu sehen, jenes berüchtigte Rad, auf das in ungemütlicher Vorzeit die Verurteilten geflochten wurden. Die Herren konnten also Recht sprechen. Sie waren überdies geschätzte Ratgeber der ersten Landesherren, also der Schauenburger Grafen, und sie hatten Lehnsrechte und Besitz in vielen holsteinischen oder stormarnschen Dörfern. Einer von ihnen, ein

„Ulenbütteler" Dorflandschaft um die Jahrhundertwende, von dem Alstertaler Maler Ernst Eitner (1867–1955) festgehalten: Grützmühlenweg mit der Bäckerei und Krämerei von Behrmann und der Friebelschen Kate.

gewisser Johann von Hummersbüttel, machte gegen Ende des 13. Jahrhunderts sogar als Raubritter von sich reden. Warum diese Familie im Mittelalter auch Struz oder Struß genannt wurde, konnte bislang kein Heimatforscher klären. Unsicher bleibt auch, ob es eine Burg in Hummelsbüttels ganz frühen Tagen gegeben hat – und wenn ja, ob die Herren Raubritter von dort auf die Susebek oder wohl eher auf das Alstertal geschaut haben, also auf die Gegend im mittleren Teil der heutigen Alten Landstraße.

Zwischen dem 14. und dem 16. Jahrhundert, als Hummelsbüttel den Grafen von Holstein und Schauenburg und auch einmal dem Kloster Harvestehude vor den Toren Hamburgs gehörte, lebten nur sogenannte Vollhufner in diesem Teil des Alstertals. So nannte man seinerzeit die freien Bauern mit beträchtlichem Landbesitz. Erst später, als Hummelsbüttel bereits zu Dänemark gehörte, verzeichnen die alten Chroniken auch Brinksitzer, Zubauern und Tagelöhner, allesamt

Zwischen Hummelsbütteler Feldmark und Raakmoor beackert Bauer Jürgen Ruge, einer von vier übriggebliebenen alteingesessenen Landwirten, seine Felder.

Im alten Ortskern, zum Beispiel an der Ecke Dorfstraße und Grützmühlenweg, läßt sich noch so manches Kleinod aus der Hummelsbütteler Vergangenheit entdecken (oben).
Alter Grenzstein zwischen dem „Hamburger Gebiet“ (= HG), heute Fuhlsbüttel, und der „Herrschaft Pinneberg“ (= HP), heute Hummelsbüttel. Der Stein steht neben einer dicken Eiche an der Hummelsbütteler Landstraße, dicht vor dem Kurzen Kamp.

Nördlich vom Hummelsbütteler Weg wurde die Susebek zu zwei landschaftsverschönernden Rückhaltebecken aufgestaut, eine Idylle in der Ortsmitte, schräg gegenüber der Post. Die Teiche sind Teile des Grünzugs zwischen Hummelsbütteler Feldmark und Alster (links).

Diese Fachwerkkate am Grützmühlenweg 13 erinnert an das liebe alte „Ulenbüttel“ aus der Zeit des Heimatdichters Hermann Claudius.

kleine Landleute, die ohne Grundbesitz gerade so über die Runden kamen.

222 Hummelsbütteler unter dänischer Herrschaft

An das damals große und mächtige Königreich Dänemark war Hummelsbüttel – wie alle anderen Teile Holsteins – schon im Jahre 1640 gekommen. Über 200 Jahre lang blieb der König in Kopenhagen der oberste Landesherr der Hummelsbütteler. Als er 1803 seine Untertanen zählen ließ, kam man hier auf 222 Köpfe, mehrheitlich Kinder. Die

Pastor Erich Meder mit dem Hummelsbütteler Konfirmanden-Jahrgang 1949.

dänische Volkszählung ergab acht Großbauern (Vollhufner), 14 Kleinbauern und 18 Einwohner ohne eigenen Haus- und Grundbesitz. Das waren der Lehrer, der Schäfer, der Schweinehirt, der Leineweber, der Stellmacher und 13 Tagelöhner.

Nach der Niederlage der Dänen im Deutsch-Dänischen Krieg 1864 kamen die Holsteiner und die Preußen, 1867 wurde Hummelsbüttel dem Kreis Stormarn zugeschlagen. Im Jahre 1900 zählte man erneut: 650 Dörfler waren es nun, und 1937, als Hummelsbüttel der Hansestadt angegliedert wurde, gab es immerhin schon fast 1800 Einwohner. Heute wohnen mehr als zehnmal soviele Menschen in diesem Hamburger Ortsteil: Aus dem lieben alten Hummelsbüttel, das so lange „abseits der Ereignisse“ lag, ist eine Kleinstadt von nahezu 20 000 Einwohnern geworden.

Erich Meder, langjähriger Gemeindepfarrer in Hummelsbüttel und heute im Ruhestand, erinnert sich, wie in der Zeit nach dem Zweiten Weltkrieg aus dem Dorf erstmals auch eine Kirchengemeinde wurde. Denn davor hatte Hummelsbüttel niemals ein eigenes Gotteshaus gehabt. Lediglich hin und wieder wurde es seelsorgerisch von Klein-Borstel und Fuhlsbüttel betreut. Für tausend Mark im Jahr, die die Holsteiner Landeskirche, die sich für Hummelsbüttel zuständig fühlte, der Hamburgischen Landeskirche jedes Jahr überwies, kam von Zeit zu Zeit ein Pastor über die Landesgrenze und taufte einen Jung-„Ulenbüttler“ oder sprach Trost und Rat in verschiedenen Lebenslagen. Noch früher mußten die Hummelsbütteler bis nach Niendorf zur Kirche laufen oder mit dem Pferdewagen fahren.

Als Pastor Meder, der aus Estland stammt, 1946 den ersten Gottesdienst in der alten Schule an der Glashütter Landstraße (heute befindet sich dort ein gutbesuchter Kindergarten) abhalten wollte, mußten Stühle und Briketts noch mitgebracht werden. Zum Konfirmandenunterricht und zur Bibelstunde zwängten sich Meders Zuhörer in die alten Schulpulte. Und an jedem Gottesdienst nahmen 120, 130, nicht selten sogar 150 Leute teil. Dies sind Zahlen, die heute höchstens an Weihnachten erreicht werden. Damals aber kamen die Leute „mit großer innerer Bereitschaft“, wie sich Pastor Meder gern erinnert.

Das Provisorium endete 1953, als endlich eine Kirche für Hummelsbüttel geweiht wurde. Weil die Gemeinde kurz zuvor ein erfolgreiches Laienspiel über den heiligen Christophorus aufgeführt hatte, gab man dem neuen Gotteshaus den Namen des Schutzpatrons aller Fuhrleute und Schiffer. Noch zu jener Zeit, also gerade mal vor etwas mehr als vierzig Jahren, hatte Hummelsbüttel weitgehend dörflichen Charakter, das heißt: anderthalb Dutzend Bauernhöfe, Sandwege, Kopfsteinpflaster. Die Milch kam noch ins Haus, die Alte Landstraße war noch keine Rennstrecke, und nach Poppenbüttel fuhr noch kein Bus. Die Dorfleute waren meistens nach Fuhlsbüttel wie überhaupt nach Hamburg orientiert und nicht nach Poppenbüttel, wo ja auch seinerzeit von einem gigantischen Einkaufszentrum noch nichts zu sehen war. Die Hummelsbütteler kauften Gießkannen und anderes Garten- und Haushaltszubehör bei Behncke an der Hummelsbütteler Landstraße, dort, wo sie schon zu Fuhlsbüttel gehörte, und Mehl und Zucker nebenan bei Dreyer.

1954 zog Erich Meder mit seiner Frau Ruth ins damals neue Pastorat, und die Rosen im Garten gingen nur schlecht an, weil sie tagtäglich in der Dämmerung von den Rehen heimgesucht wurden. Damals zählten die Tierfreunde im Norden des großen Ortsgebiets mehr Rehe als in der gesamten Lüneburger Heide. Kanalisation gab es noch nicht, nur Sickergruben; für Hamburger Bauunternehmen lag Hummelsbüttel weit, weit draußen, friedlich begrenzt von Alster, Raakmoorgraben und Susebek, eine schlafende Idylle. Wenn die Jauchegrube überlief, stank es in der Schule. Erst mit der Kanalisation begann die neue Zeit. Am Eitnerweg, am Ulenbütteler Kamp, am Grützmühlenweg, überall wurde nun gebaut. Manchmal stieß man auf Spuren aus alter Zeit. So wurden beim Bau der architektonisch reizvollen Parkstadt Josthöhe heilige Steine aus vorchristlicher Zeit gefunden. Sie kamen als Anschauungsobjekt auf den Hof der Hummelsbütteler Grundschule.

Es gab zwar einige Stimmen und Initiativen, die alten Häuser und wenigstens Teile des Gesichts von „Ulenbüttel“ zu erhalten, aber schließlich war die Macht des Geldes stärker. Der vom Fortschrittsglauben angefachte Wind der neuen Zeit wehte die ohnehin nicht sehr stark artikulierten Bedenken hinweg. Die Einwohnerzahl nahm nun rasch zu, eine bunte Bevölkerungsstruktur zeichnete den neugewachsenen Stadtteil aus. Da waren die sogenannten kleinen Leute, die sich nach 1943 als ausgebombte Rothenburgsorter und Hammerbrooker ihre „Ley-Häuser“ im Kleingartenverein 501 winterfest gemacht und später liebevoll nach und nach ausgebaut hatten. Da waren und sind die Mittelständler, die sich Grundstücke noch zu annehmbaren Preisen hatten sichern können und sich darauf hübsche Einfamilienhäuser gebaut hatten. Später zogen dann Hunderte junger Familien und Singles in die Hochbauten rund um den Markt, und an der Alten Landstraße wuchsen die Mauern und Hecken um die feinen Villen immer höher.

Die letzten Häuser aus der alten Zeit

Vom alten Dorf selbst ist freilich so gut wie nichts geblieben. Gegenüber der Post, am Hummelsbütteler Weg, weiden zwar Schafe auf der Koppel, und am Grützmühlenweg 13 steht noch eine Kate von 1800. Vier Häuser weiter, in Nr. 17, werden heute Schrankwände in einem Bauernhof aus dem Jahre 1904 verkauft, der einst Willy Timm gehörte. Zwischen diesen beiden wohl letzten Häusern aus der alten Zeit tummeln sich Pferde auf einer ausgedehnten Koppel, und der Teich auf der anderen Straßenseite läßt eine Ahnung von der ländlichen Idylle vergangener Zeiten aufkommen. Aber die vielen Neubauten, die Hoch- und Reihenhäuser in der Nachbarschaft, auch die Villen am Hehsel, an der Distelkoppel und an der Alten Landstraße, die meisten erst zwischen 1950 und 1975 erbaut, oder die Parkstadt Josthöhe, Ende der sechziger Jahre an der Alten Landstraße entstanden, lassen nur wenig Spielraum für die Phantasie, die gern in der über tausendjährigen Geschichte spazierengehen würde. Völlig verändert hat sich das Bild im Norden. Am Lademannbogen prägen Maschinenbaufirmen und Speditionen, aber auch eine Tischlerei, eine Schinken- und eine Fischräucherei ein langweilig wirkendes Gewerbegebiet. Die Dorfstraße zeigt nur noch das typische Ambiente einer verkehrsreichen Vorstadtstraße. Rund um die moderne Markthalle ziehen Apotheke, Reisebüro, Bäckerei und ein türkischer Obsthändler die Kunden an. Die alten Hummelsbütteler blicken aus der Distanz auf „McDonald’s“ am Ring 3. Eher schon sitzen sie bei Frau Petersen im gemütlichen „Café Neumann“ und sinnen darüber nach, ob es wirklich erst ein paar Jahrzehnte her ist, seit die letzten Katen abgerissen, die letzten Wiesen bebaut wurden. Nur Jürgen Ruge aus dem übriggebliebenen bäuerlichen Quartett gelingt zuweilen ein sehr viel längerer Brückenschlag in die Vergangenheit. Er findet, wie vor ihm schon sein Vater an der Alten Landstraße, bei der Feldarbeit immer mal wieder Urnenscherben aus der Steinzeit. Und Harry Gerull, einer der Architekten des großstädtischen Hummelsbüttel, sieht sozusagen noch die stattlichen Höfe der Timms, Gerckens und Wells vor seinem geistigen Auge, wenn er durchs „Dorf“ geht, den Blick fest in die alte Zeit gerichtet.

Wellingsbüttel

Das Herrenhaus des Kurtzrockschen Gutshofes, das Theobald Joseph und Baronin Bernhardina von Kurtzrock im Jahre 1750 errichten ließen, symbolisiert die noble Gesinnung des heutigen Villenvororts. In Wellingsbüttel, der feinsten Adresse im Alstertal, spielt man Hockey und Tennis und gestaltet Kultur mit viel Gemeinsinn. 1996 feierte man den 700. Geburtstag der ersten offiziellen Dorfnennung mit einem ebenso heiteren wie anspruchsvollen Programm.

Herr von Kurtzrock und andere feine Leute

Wanderungen in die Geschichte: vom Hindenburg-Findling zu den Gedenksteinen des „Alsterthal-Terrain-Actien-Gesellschaft“ (ATAG)-Mitbegründers Wentzel, vom Jugendheim am Rabenhorst, einst Gemeindezentrum und noch früher Verwaltungsgebäude der ATAG, zum alten Mühlenhügel über der kopfsteingepflasterten Bantschowstraße. *Spaziergänge* in eine Vergangenheit, die abwechslungsreicher, vielfältiger und aufregender war als in allen übrigen Alstertal-Orten. *Spurensuche* an den Haynschen Teichen, am Stein für Kaiser Wilhelm I. im Garten hinter der „Friedenseiche“, an der ehemaligen Schule in der Rolfinckstraße, die damals noch Eichenstraße hieß, an den Landhäusern der zwanziger und dreißiger Jahre am Pfeilshofer Weg und natürlich im prächtigen Kurtzrockschen Torhaus. *Augen-Blicke:* zum Beispiel bei einem Liederabend, veranstaltet vom Kulturkreis des rührigen Bürgervereins, oder an Klippers Hockey- und Tennisplätzen in Hoheneichen (Aufschlag: der Wellingsbütteler Henning Voscherau, Hamburgs Erster Bürgermeister, Klipper Erste Herren, Bundesliga, norddeutscher Meister ...) *Gespräche* mit alteingesessenen Wellingsbüttelern: mit Ursula Willer, dieser zierlichen, starken Frau, die 1996 viel dazu beigetragen hat, daß das Jubiläum „700 Jahre Wellingsbüttel“ so großartig über die Bühne gegangen ist, mit Renate Fuhrhop, einer Tochter des langjährigen Dorfarztes Schwantes, der vor sechzig Jahren auch das musische Leben im Ort bereichert hat, mit Vera Sommer von der „Friedenseiche“, die mit ihrer Schwester eine 150jährige Tradition fortführt, mit Ernst König, dem Stadtteilwanderer und verdienstvollen Chronisten der Lutherkirche, mit so vielen Alstertalern noch, die vom bunten Leben im Dorf erzählt haben, von den schönen und schwierigen Zeiten in Wellingsbüttel.

Aber der Reihe nach. Nirgends finden sich beim Ausschachten neuer Häuser so oft Faustkeile und andere Relikte aus der Vor- und Frühgeschichte des Alstertals wie im Ortsteil Wellingsbüttel. Schon vor über 20 000 Jahren lebten hier Menschen. Damals bedeckte noch Tundra das Land, und die Rentierjäger schlugen hier ihre Lager auf. Wellingsbüttels bedeutender Gemeindepastor Christian Boeck berichtete 1947 in einer Ortschronik über weitere Siedler, 10 000 Jahre nach den ersten: „Ihre Spuren sind vergangen oder noch nicht wieder entdeckt. Nur aus der jüngsten Steinzeit ist eine Grabstätte gefunden; sie mag aus der Zeit von 2100 v. Chr. stammen. Auf ihr wurde in der älteren Bronzezeit, etwa 1600 v. Chr., eine andere angelegt und auf dieser wieder in der mittleren Bronzezeit, etwa 1300 v. Chr., eine dritte. Diese dreifache Grabstätte fand sich nicht weit vom Knasterberg, der selber als Grabmal aus der mittleren Bronzezeit stammen wird ...“

Andere Völkerschaften kamen und gingen, bis – vermutlich vor etwas über tausend Jahren – ein Sachsenfürst namens Walding eine Siedlung, ein „botle“ oder „butle“ gründete. Aus Waldingsbutle wurde Wellingsbutle, später Wellingsbüttel, eine Geschichte, wie sie sich ähnlich auch in Hummelsbüttel, Poppenbüttel und Mellingstedt zugetragen haben mag.

„... zwei Wispel Hafer und zwanzig Schillinge“

Erstmals wurde der Ort im Jahre 1296 in einer Urkunde erwähnt: „Im Namen des Vaters, des Sohnes und des Heiligen Geistes. Amen. Wir, Adolfus und Johannes, von Gottes Gnaden Grafen von Holstein und Stormarn, allen, vor die gegenwärtige Schrift komme, Heil im Herrn ...“ Mit dem so eingeleiteten Schriftstück übertrugen die Schauenburger Grafen Adolf V. und Johann II. dem Nonnenkloster Frauental in Hamburg-Harvestehude den gekauften Groß- und Kleinzehnten an 13 Gütern und Dörfern, darunter Wellingsbüttel. Ursprünglich bildete jede zehnte Garbe der Kornernte den Großzehnten, während der Klein- oder Schmalzehnte ein Zehntel des Ertrags aus Viehwirtschaft und Gartenfrüchten betrug. Hier wurde die Höhe der Abgaben in dem alten Getreidemaß Wispel angegeben; in Hamburg entsprachen einem Wispel Roggen 10,992 hl und einem Wispel Hafer 16,448 hl: „Die Summe aber des Großzehnten ist diese: nämlich sieben Wispel Roggen, zwei Wispel Hafer und zwanzig Schilling Pfennige in den vorgenannten Dörfern mit dem Kleinzehnten, der smalteghedhe heißt, jährlich zu erheben. Zur Befestigung und Bekräftigung dieser Sache haben wir die gegenwärtige Urkunde mit unsern Siegeln ausstatten lassen. Zeugen des Kaufs, des Ver-

Der Beginn der Villenbebauung: die Wellingsbütteler Hauptstraße kurz nach dem Ersten Weltkrieg.

kaufs und der Umänderung sind die Ritter Johannes von Slamersthorpe, Hermanus von Hamma, Johannes von Renowe, Bertoldus von Horst, Johanes Swin, Marquardus Lupus und mehrere andere Glaubwürdige. Geschehen und gegeben im Jahre des Herrn eintausendzweihundertsechsundneunzig, am Tage nach Dionysius und seinen Gefährten." Das war am 10. Oktober 1296. Knapp hundert Jahre später, 1382, verkaufen die Knappen Emeke und Marquard Struß das Dorf an den Hamburger Ratsherrn Marquard Ove und seinen Bruder Thomas. In den Jahren bis 1412 gelangt das Dorf in den Besitz der Bremer Erzbischöfe; über gut 250 Jahre bleibt es bei den Kirchenfürsten von der Weser. Allerdings verpfändeten die Bremer ihr Eigentum immer wieder an Hamburger Domherren. Zu jener Zeit gehörten außer dem Gutshof noch drei Hufen, also kleine Bauernstellen, zum Dorf. Von etwa 1400 bis 1651 als sogenanntes „Erzbischöfliches Tafelgut" verpfändet und ab 1542 verlehnt, geriet es von 1574 bis 1622 in den Einflußbereich der Familie Rantzau. Auch zu Beginn des 17. Jahrhunderts war mit Wellingsbüttel noch nicht viel Staat zu machen. Es bestand aus drei Katen, einer Mühle und einem kleinen Herrenhaus, das aber noch nichts vom Prunk ahnen ließ, mit dem später die Kurtzrocks hofhielten.

Als Briefträger reich geworden

Von 1675 an herrschte für mehr als 130 Jahre die Familie von Kurtzrock über Wellingsbüttel, prägte es mit Kunstverstand und wirtschaftlicher Macht. Die Kurtzrocks, von Haus aus süddeutsche Katholiken, waren Kaiserliche Residenten im Niedersächsischen Reichskreis zu Bremen. In Hamburg waren sie unter anderem als Fürstlich Thurn- und Taxissche Postmeister zu viel Geld gekommen. Für das Gut Wellingsbüttel mußte Theobald von Kurtzrock 7000 Reichstaler zahlen, keine kleine Summe in jener Zeit; das Land und viele seiner Adelsherren waren ausgeblutet nach dem Dreißigjährigen Krieg. Mit dem Westfälischen Frieden war übrigens das Erzbistum Bremen wie auch das hamburgische Domkapitel – und damit Wellingsbüttel – schwedisch geworden. Zuvor hatte noch der Erzbischof von der Weser – ein Sohn des dänischen Königs – seinen Kanzler Theodor Reinking mit Wellingsbüttel belehnt. Damit war auch das Recht verbunden, es seinen Nachkommen zu vererben. Als Wellingsbüttel nun plötzlich den Schweden gehören sollte, bestätigte Königin Christine, Tochter Gustav Adolfs von Schweden, das Lehnsrecht des Herrn Reinking. Der brachte das heruntergekommene Dorf in Ordnung und ließ die Wassermühle als Kornmühle wieder instandsetzen. Aus Dankbarkeit vermachte ihm daraufhin die schwedische Königin das Dorf zum vererbbaren Eigentum. Seit dieser Zeit bestehen die heutigen Ortsgrenzen. Hin und her wurde Wellingsbüttel in den nächsten 25 Jahren geschoben, bis es am 9. Dezember 1675 an Theobald Edlen von Kurtzrock kam. Der behielt zwar seinen Wohnsitz in Bremen,

„Anno 1757" steht auf dem Balken über der Durchfahrt am Torhaus vor dem Kurtzrockschen Herrenhaus. 133 Jahre lang hat diese katholische Adelsfamilie die Geschicke Wellingsbüttels bestimmt.

Hauswirtschaftsgerät, alte Kontobücher und andere Exponate aus der Vergangenheit sind im Alstertal-Museum, untergebracht im nördlichen Flügel des Torhauses, ausgestellt (oben).
Auch landwirtschaftliche Utensilien von der Wende zum 20. Jahrhundert gehören zum sehenswerten Ausstellungsgut im fast 250 Jahre alten Torhaus.

In der Gaststube der Wirtschaft „Friedenseiche“: Die Schwestern Irene Schmitt (links) und Vera Sommer, geborene Hayn, führen die traditionsreiche Schänke in der vierten Generation.

Die „Friedenseiche“, althergebrachter Treffpunkt der Wellingsbütteler, ist nach der Eiche benannt, die der Wirt Peter Johann Carl Hayn 1871 nach dem Sieg über die Franzosen im nationalen Überschwang pflanzte.

schaute aber häufig in Wellingsbüttel nach dem Rechten. Seinen Reichtum und den Ruf Wellingsbüttels mehrte er, indem er eine Brauerei im Dorf gründete. Das Bier – wöchentlich wurden 2 bis 30 Tonnen gebraut – schmeckte den Hamburgern ausgezeichnet. 1732 schrieb Theobalds Sohn Maximilian Heinrich, der als Kaiserlicher Resident in Hamburg in den Reichsfreiherrenstand erhoben worden war, voller Stolz an den Kaiser, daß sein Bier seit über 50 Jahren „in und um Hamburg ungemein Abgang gefunden" habe. Das wurmte die alteingesessenen Hamburger Brauer. Sie stänkerten so lange beim Senat gegen das beliebte Weizenbier aus dem Alstertal, bis die Ratsherren die Wellingsbütteler Konkurrenz mit einer Sondersteuer belegten. Trotzdem hielt sich die Brauerei bis zum Anfang des 19. Jahrhunderts, als sie – vermutlich in den Wirren der Befreiungskriege gegen Napoleon – ihren Betrieb einstellen mußte.

Maximilians Sohn Theobald Joseph von Kurtzrock und dessen Frau, die Baronin Bernhardina, ließen Wellingsbüttel leuchten. Der Enkel des ersten hiesigen Kurtzrock holte Baumeister und die besten Handwerker ins Dorf, ließ 1750 das Herrenhaus und sieben Jahre später – wahrscheinlich von dem Bayern Georg Greggenhofer, der schon auf anderen Kurtzrockschen Besitztümern in Schleswig-Holstein tätig gewesen war – das Torhaus errichten, heute das kulturelle Zentrum des Stadtteils und ein Juwel im Alstertal. Als der ideenreiche und tatkräftige Theobald Joseph von Kurtzrock im Jahre 1770 starb, setzte seine Witwe sein Werk fort. Die weitblickende Frau gründete vor 200 Jahren in Wellingsbüttel eine Kattunfabrik zum Bedrucken von Baumwollgewebe. Sie lag bei der Wassermühle, etwa dort, wo heute die Straße Langwisch auf den Wellingsbütteler Weg stößt. Hier, auf dem Grundstück, das später einmal dem bekannten Hamburger Juwelier Wempe gehören sollte, wurde das Tuch mit Knüppeln geschlagen und anschließend zum Bleichen ausgebreitet. Aus jener Zeit stammt der Begriff, man habe jemandem „ordentlich Kattun gegeben", wenn er – wirklich oder im übertragenen Sinne – geschlagen wurde. Bis nach Bernhardinas Tod (1803) hielt sich die Kattunfabrikation. Seit 1806, mit Napoleons Kontinentalsperre und der Elbblockade, gab es keinen Kattunnachschub mehr für die Tuchdruckerei im Alstertal.

Bernhardina hatte auch eine Windmühle errichten lassen, deren Flügel sich immerhin bis 1918 drehten. Das Müllerhaus an der oberen Bantschowstraße steht noch immer, freilich längst zum geschmackvollen Wohnhaus im Wellingsbütteler Landhausstil umgebaut. In die Geschichte ging Bernhardina aber vor allem ein, weil sie immer wieder auf die Reichsunmittelbarkeit des Dorfes pochte. Nicht dem dänischen König, dem längst wieder Holstein gehörte, wollte man untertan sein, sondern allenfalls dem deutschen Kaiser. Bernhardinas Sohn, der Freiherr Clemens August von Kurtzrock, trieb die Unbotmäßigkeit auf die Spitze. Er stellte neben den dänischen Grenzpfahl ein Schild, das Wellingsbüttel als Kurtzrocksches Eigentum auswies. Außerdem ließ er einen Schlagbaum aufstellen und forderte Zoll von allen Durchreisenden. Das provozierte den Monarchen in Kopenhagen so sehr, daß er Soldaten schickte, die Wellingsbüttel besetzten. Der Kaiser konnte dem aufmüpfigen Freiherrn im Alstertal sowieso nicht mehr helfen – er war gerade von Napoleon besiegt worden. Der letzte Kurtzrock auf Gut Wellingsbüttel handelte schnell und schlau: Er verkaufte dem Dänenkönig das Dorf einfach für 80 000 Taler – aus heutiger Sicht ein Millionenvermögen. 1810 übergab König Friedrich das Dorf an seinen Verwandten, den Herzog Friedrich Carl Ludwig von Holstein-Beck. Nachdem Napoleon seinen Rußlandfeldzug verloren hatte, belagerten im Frühjahr 1813 die verbündeten Preußen und Russen die Festung Hamburg. Dänemark hatte sich sechs Jahre zuvor mit Napoleon verbündet, also war Wellingsbüttel für Russen und Preußen Feindesland. Entsprechend schwer hatte das Dorf unter Einquartierung und Gewalttaten der Besetzer zu leiden. Erst 1816 zogen die letzten Russen ab. In demselben Jahr starb der Herzog.

Wie der Wellingsbütteler Lokalhistoriker Hartwig Fiege in seiner Jubiläumschronik berichtet, war das Gut nach dem dänischen Staatsbankrott 1813 und dem Ende der Befreiungskriege verschuldet und das Dorf völlig verarmt: „Viele Bauern verkauften ihre Höfe an den Hamburger Kaufmann Herkules Roß, der das Gut für 12 000 Taler ersteigerte und den Boden durch Neuanpflanzung im Kriege abgeholzter Waldungen und durch Mergeln aus drei eigenen Kuhlen verbesserte. Nach Roß' Tod ersteigerte der Hamburger

Kaufmann Johann Christian Jauch das Gut und vergrößerte es durch Ankauf vieler Bauernhöfe. Erst gegen Mitte des 19. Jahrhunderts besserte sich die wirtschaftliche Lage. Die Nachkommen des Gutsherrn Jauch verkauften das Gut 1888 an die Hamburger Bankierswitwe Behrens. Die beliebte Gutsherrin ließ von dem leitenden Architekten des Hamburger Rathausbaus, Martin Haller, das Herrenhaus umbauen und um ein Stockwerk erhöhen, ein eigenes Elektrizitätswerk und den ersten Fernsprecher im Ort anlegen. 1892 erwarb der Hamburger Kaufmann Otto Jonathan Hübbe das Gut und brachte seine Wirtschaft in mustergültigen Zustand."

Wie Wellingsbüttel an Österreich fiel

Wellingsbüttel hatte im Laufe der Jahre nicht nur schwedische, dänische, russische und süddeutsche Herren, sondern war auch einmal für kurze Zeit österreichisch. Als nämlich Preußen und Österreicher die Dänen 1864 an den Düppeler Schanzen besiegt hatten, geriet auch Wellingsbüttel für zwei Jahre unter den Einfluß Wiens. Aber schon 1866, nach dem preußischen Sieg über die Habsburger, kam Stormarn – und somit Wellingsbüttel – wieder zu Preußen. Der Jubel darüber hielt sich anfangs im Dorf durchaus in Grenzen. Erst mit der Reichsgründung 1871, nach dem Sieg über die Franzosen, wandelte sich mit Bismarck- und Kaiserverehrung im wahrsten Sinne des Wortes das Bild. Gastwirt Peter Johann Carl Hayn, dessen Haus seit 1756 die Schankkonzession für Bier und Branntwein besaß, pflanzte vor seinem Haus eine Friedenseiche; die steht noch heute dort, vom Verkehr zwischen Rolfinckstraße und Wellingsbütteler Weg umbrandet, und im gleichnamigen Wirtshaus treffen sich die Wellingsbütteler nach wie vor. An die alte Zeit erinnern die Kachelöfen in der Gaststube und im gemütlichen Jägerzimmer. Die Wirtinnen, die Schwestern Vera Sommer und Irene Schmitt, stammen von den Hayns ab, sie führen das Haus in vierter Generation. Und so, wie die Wellingsbütteler seit alters her sagen, daß sie „ins Dorf" gehen, wenn sie zum Einkaufen oder Bummeln den Markt und die alteingesessenen Geschäfte rund um den S-Bahnhof aufsuchen, so heißt es bis heute, man gehe „zu Hayn", wenn man sich in die „Friedenseiche" setzt. Doch kehren wir zurück in die Zeit vor knapp hundert Jahren, als die ersten Pläne auftauchten, eine Bahnlinie ins Alstertal zu bauen und Platz für neue Siedler zu schaffen. Mit dem Beginn des 20. Jahrhunderts war die Großstadt immer weiter nach Norden vorgerückt. Die Zeiten der Idylle im Alstertal, so schien es, sollten langsam zu Ende gehen. Schon 1906 war Ohlsdorf durch eine elektrische Vorortbahn mit Hamburg verbunden. Die Gasthöfe in Wellingsbüttel warben prompt mit dieser Errungenschaft um Ausflügler, die ja nun nur noch 20, 30 Minuten bis ins romantische Alstertal brauchten. Längst hatte der Hamburger Makler Johann Vincent Wentzel seine Vision von einer Verkehrsanbindung und Besiedlung des Alstertals im großen Stil. Er machte den

Früher noch mit Reetdach: der Gasthof „Friedenseiche" von Otto Hayn.

Gutsbesitzern Eduard Henneberg aus Poppenbüttel, Conrad Reuter aus Sasel und Konsul Otto Jonathan Hübbe aus Wellingsbüttel klar, daß sie ihre Waren kostengünstiger nach Hamburg transportieren könnten, wenn erst eine Bahnlinie bis ins Herz des Alstertals fertiggestellt sei. Außerdem würde, so schmeichelte der Hausmakler den dreien, ihr Besitz durch eine solche Anbindung um ein Vielfaches wertvoller, könnte auch leichter aufgeteilt und besiedelt werden. Das war das Stichwort. Im Mai 1908 wurde die „Alsterthalbahn-Gesellschaft" gegründet, zwei Jahre später die „Alsterthal-Terrain-Gesellschaft". Beide mündeten 1912 in die „Alsterthal-Terrain-Actien-Gesellschaft" (ATAG). Weil damals die Bahn von Hamburg ins noch preußische Stormarn fahren sollte, mußte seine Majestät in Berlin zustimmen.

Zur Klarstellung der Belange der beiden beteiligten Bundesstaaten wurde am 17. März 1912 zwischen Preußen und Hamburg ein

Am 1. Adventssonntag 1937 (28. November) hielt Pastor Christian Boeck die erste Predigt in der neuen Lutherkirche an der Straße Up de Worth. Bis dahin hatten die Wellingsbütteler nach Bramfeld und zuvor über Jahrhunderte nach Bergstedt zur Kirche gehen müssen.

Im ehemaligen Verwaltungsgebäude der „Alsterthal-Terrain-Actien-Gesellschaft“ (ATAG), die mit ihrer Siedlungspolitik das Dorf Wellingsbüttel nach dem Ersten Weltkrieg in die Moderne führte, wird heute mit großem Erfolg ein Projekt selbstbestimmten Jugendwohnens durchgeführt.

So wie hier am Pfeilshofer Weg bauten sich in den zwanziger Jahren viele hamburgische Kaufleute ein ländliches Refugium im alten Dorf auf.

Auch dieses Haus in der Nähe des S-Bahnhofs Hoheneichen, um die Wende zum 20. Jahrhundert erbaut, gehört zu den traditionsreichen Villen- und Landhausbauten, die heute noch Wellingsbüttel prägen (gegenüberliegende Seite).

Vertrag über die Einrichtung einer Eisenbahnverbindung von Ohlsdorf nach Poppenbüttel geschlossen. Am 15. Dezember 1918 rollte der erste Personenzug zwischen Ohlsdorf und Poppenbüttel.

Wellingsbüttel profitierte gleich mehrfach von der neuen Bahnlinie und den Siedlungsvorhaben: Zwei Stationen, Hoheneichen und Wellingsbüttel, brachten Touristen und Bauinteressenten ins Dorf; die Einwohnerzahl stieg von knapp 800 vor dem Ersten Weltkrieg auf über 4000, als Wellingsbüttel Anfang 1937 mit dem Groß-Hamburg-Gesetz an die Hansestadt angeschlossen wurde. Das Bild rund um die Bahnhöfe wandelte sich rasch, die neuen Wellingsbütteler bauten sich ihre Häuser auf Arealen von jeweils mindestens 2500 Quadratmetern, viele sogar auf doppelt so großen Grundstücken. Das schrieb die ATAG-Klausel vor.

Hausbesuche mit dem Pferdeschlitten

Einer, der Mitte der zwanziger Jahre nach Wellingsbüttel zog, war der praktische Arzt und Geburtshelfer Dr. Curt Schwantes, ein musisch begabter, feinsinniger Herr. In seinem Hummelsbütteler Elternhaus hatte der Maler Ernst Eitner verkehrt, Schwantes selbst spielte Geige und Bratsche, seine Frau Lucietta – auch eine Ärztin – spielte Klavier und sang, die vier Kinder trugen mit Cello und Geige zu Streichquartetten und anderen Ensembles bei der leidenschaftlich gepflegten Hausmusik bei. Später lud der Mediziner Schwantes auch Hamburger Kaufleute und sogar einen Geiger vom Rundfunk zu den häuslichen Konzerten ein.

Noch waren, in den zwanziger und dreißiger Jahren, die meisten Wege sandig und bei schlechtem Wetter verschlammt. Wenn Doktor Schwantes im Winter nicht mehr mit seinem Wagen – ursprünglich ein amerikanischer Nash, später ein Adler – auf Hausbesuch fahren konnte, lieh er sich von einem der Bauern aus der Nachbarschaft einen Pferdeschlitten und besuchte so seine Patienten. Mittags aß er oft in der „Friedenseiche“ – Dorothea Hayn, Großmutter der heutigen Inhaber-Schwestern Sommer und Schmitt, kochte den besten Grünkohl weit und breit. Die Kinder liefen an sonnigen Frosttagen Schlittschuh auf dem vereisten Kuhteich und den anderen Gewässern unterhalb der „Friedenseiche“, den sogenannten Haynschen Teichen, die heute noch eine verwunschen schöne Gartenlandschaft bilden. Anschließend beugte man im Gasthaus mit einem Glas heißer Zitrone möglichen Erkältungen vor.

Früher gehörten Landwirtschaft, Pferdeausspann, Poststelle, Pensionszimmer und sogar eine Krämerei zur „Friedenseiche“. Im Frühjahr 1947 brannte das über lange Jahre charakteristische Strohdach nieder. Bis heute ist der äußerlich unscheinbare Gasthof, der zu den ältesten in Hamburg gehört, ein gemütlicher Treffpunkt.

Tradition hatte seinerzeit auch die Wirtschaft „Zur Linde“ (heute „Country House“). Wenn dort bei Hannes Schulz und später bei der legendären Witwe Schulz ordentlich gefeiert wurde, hieß das: Bretter auf die Dielen, und der Feuerwehrball konnte losgehen. Einen anderen, ebenfalls über viele Jahre beliebten Treffpunkt pflegte Alwin Petersen im Hause des heutigen asiatischen Spezialitätenrestaurants „New Korea“. Alwin war sozusagen Wirt, Seelendoktor und „Bankier“ in einer Person.

Und dann hält natürlich „Randel“ in diesen Erinnerungen an die traditionsschweren Wellingsbütteler Wirtschaften einen Spitzenplatz, heute von Stephan und Jacqueline Randel in der sechsten Generation mit Hang zu Stil und Noblesse geführt. Um 1840 gründete Wilhelm Randel auf einem Bauernhof einen Imbiß für die Milchkutscher der umliegenden Höfe und Güter. Im Laufe der Zeit wuchs der Ausspann zu einem gutbürgerlichen Restaurant heran. Jedesmal, wenn der Vater die Wirtschaft dem Sohn übergab, wurde etwas verändert, ergänzt, verbessert. Immer aber blieb das Flair des noblen Ausflugs- und Kaffeelokals erhalten. Vor hundert Jahren schlug der Blitz ins Reetdach des alten Hofes ein, seither hat Randel ein Dach wie ein Schlößchen. Bis zum Zweiten Weltkrieg gehörte auch ein kleines Hotel mit acht Zimmern zum Restaurant. Damals fuhr man durchaus von der Elbe in die Alstertaler Sommerfrische. Der angrenzende Wald, Norddeutschlands größter öffentlich zugänglicher Privatpark, war schon vor Jahrzehnten das Ziel der Kaffeefahrer aus Hamburg. An schönen Wochenenden kamen die Kanuten zu Dutzenden die Alster herauf, um bei „Randel“ einzukehren. Im Krieg richtete die Wehrmacht hier eine Ausweisstelle ein; die Großküche verpflegte Tausende Soldaten. Bis vor etwa zwanzig Jah-

Sie hatte schon immer den hervorragenden Ruf, schnell und effizient zu sein: Wellingsbüttels Freiwillige Feuerwehr, hier um 1910.

ren hielt das Haus noch eigene Schweine. Heute wird so frisch wie möglich aus deutschen Landen eingekauft. Küchenchef Peter Heine, seit 27 Jahren im Haus, pflegt die Klassiker mit moderner Note: Schollenröllchen, Hirschkalbsteak, zu Weihnachten der Gänsebraten mit Apfelfüllung und Rotweinkraut, Ostern der Lammrücken mit Honig-Senf-Sauce. Oberkellner Peter Schröder bedient schon seit 20 Jahren die Gäste, und Gärtner Clemens Kluge ging erst vor kurzem in den Ruhestand – nach 40 Jahren Dienst auf Randelschen Fluren.

Stephan Randel, im „Mühlenkamper Fährhaus", in Amerika und in Schottland ausgebildet, und seine Frau Jacqueline, eine Schottin, haben Anfang 1996 das Haus von Max Theodor und Renate Randel übernommen. Großvater Wilhelm hatte elf Geschwister, da mußte oft Land geteilt werden. Noch heute wird rückblickend an vielen Stellen Wellingsbüttels von „ehemals Randelschen Wiesen" gesprochen. Geblieben ist die Café-Tradition, 500 Plätze im Garten, 300 im Haus, und – in den beiden Konditoreifilialen an den S-Bahnhöfen Wellingsbüttel und Poppenbüttel – der legendäre Ruf des Butterkuchens.

Auf dem Weg zum wohlhabenden Vorort

Die Zeit zwischen den Kriegen war auch in Wellingsbüttel vom Übergang von der ländlichen Idylle zum prosperierenden Vorort geprägt. Man kaufte bei Plön (heute „Feinkost Wehn") ein und schaute zu, wie bei Amandus Wünsche (gegenüber der heutigen Buchhandlung) die gute Butter noch mit dem „Klopper" abgepackt wurde. Auch Schneider Bauer hatte sein Kurzwarengeschäft hier im Zentrum. Auf der Rolfinckstraße rumpelten die Wagen noch über Kopfsteinpflaster, und an der Saseler Chaussee klafften mannstiefe Entwässerungsgräben. Unterhalb von „Randel", wo eine romantische Holzbrücke im venezianischen Stil die Alster überquerte, zelteten Kanuten und, gleich daneben, aber hinter Sichtschutz, die Anhänger der Freikörperkultur. Die meisten Familien hielten Hühner, nicht wenige hatten hinterm Haus ein Schwein. Milchmann Rehders am Wellingsbütteler Weg rührte Sahne und machte seinen Quark alleine. Wo jetzt dänische Geschenkartikel verkauft werden, backte Bäcker Busch feine Brötchen, und Schlosser Sorge lieferte Schmiedeeisernes an viele Häuser aus seinem Betrieb an der Ecke Rolfinckstraße/ Classenweg (wo heute die Wellingsbütteler gern auf ein Bier ins „Krombacher" gehen). In der alten Schule am Bahnhof, die jetzt Sozialstation, Volkshochschule und Bücherhalle beherbergt, haute Lehrer Matthiessen nicht nur zum Spaß des öfteren mit dem Stock auf den Tisch – und durchaus nicht nur dahin.

In der Nazizeit wurde zwischen der alten Schulstraße (Schulteßdamm) und der Straße Stränge, die heute Strenge geschrieben wird,

Die Kate am Wellingsbütteler Weg 188 gehört zu den letzten Relikten bäuerlicher Architektur im heutigen Villendorf (links). Der vordere Teil stammt aus dem Jahre 1648, der Anbau entstand 1922. Seit Mitte der achtziger Jahre nutzt ein Antiquitätengeschäft das alte Fachwerkhaus als Verkaufsraum.

Dieses „Puppenstuben"-Idyll (oben) läßt sich im Ortszentrum am Wellingsbütteler Weg bestaunen, ein paar Schritte vom Gasthof „Friedenseiche" entfernt.

Attraktion auf der großen Wiese vor dem Torhaus: Zum 700. Geburtstag Wellingsbüttels führten dort Handwerker, Gaukler, Zauberer und Musikanten mittelalterliches Leben und Treiben vor.

Seit 25 Jahren bedient die Blumenfrau Käthe Freinsheimer, hier mit ihrer Tochter Sylvia, auf dem Wellingsbütteler Wochenmarkt ihre Kunden (oben). Neben Bäckern (links auf dem großen Bild) war auch ein Schmied mit seinem Amboß auf dem Mittelalter-Markt im Sommer 1996 vertreten.

Das Gastronomie-Schlößchen „Randel“, 1840 von Wilhelm Randel gegründet, gehört zu den ältesten Wirtschaften im Alstertal (links).

Dieser Springbrunnen steht im großen Park des Gasthofs „Randel“. Bei schönem Wetter finden bis zu 500 Kaffeegäste im Garten Platz.

eine neue Schule gebaut. Der Straßenname ist von Strang abgeleitet, da die Felder dort einst so schmal wie Handtücher oder halt wie Stränge waren. Die neue Schule wurde nach Hans Schemm benannt, einem Blut-und-Boden-Pädagogen, Reichsleiter des NS-Lehrerbundes und bayerischer Kultusminister. Sonnabends mußten die Hans-Schemm-Schüler statt zum Unterricht zur Hitlerjugend antreten. 1938 kamen neue Räume, auch eine Turnhalle, hinzu. Ausflüge und Feste gaukelten den Kindern eine heile Welt vor, die selbst heute noch als „heiteres Leben" verklärt wird. Es war die gleiche Zeit, in der auch in Wellingsbüttel das Querdenken verboten war, als sich die Alstertaler mit einem dreifachen „Sieg heil" gleichschalten ließen. Die jüdischen Familien – Architekten, Anwälte, Kaufleute, Buchhändler – wurden aus Wellingsbüttel, aus Deutschland vertrieben, in den Selbstmord gejagt, deportiert und ermordet.

Schlosser Wilhelm Sorge (links im Bild) und seine Gesellen schmiedeten zahlreiche Eisen, die noch heute Tore und Zäune vieler Wellingsbütteler zieren.

Nach dem Krieg wird die Schule Strenge, wie sie nun heißt, zunächst als Lazarett genutzt. Erst Ostern 1947 läuft der Schulbetrieb wieder an. Ein halbes Jahr später versuchte die Schule, die soziale Lage der Kinder im angeblich so feinen Villenvorort zu dokumentieren. Das Ergebnis dieser traurigen Bestandsaufnahme: „294 Kinder haben kein Schuhzeug, 160 keinen Vater, 20 keine Mutter, 109 keine Unterwäsche, 225 nur einmal Unterwäsche, 431 nur dünne Unterwäsche, 240 kein eigenes Bett …"

1954 wird die Peter-Petersen-Schule (PPS) am Pfeilshof eröffnet, heute eine Gesamtschule mit Grundschule am Hasenweg. Sie wurde seinerzeit nach dem liberalen Reformpädagogen Peter Petersen benannt. Die Schule Strenge besteht seit 1980, mit dem Auslaufen der Beobachtungsstufe, nur noch als reine Grundschule.

So wie in den anderen Alstertal- und Walddörfern blickt auch in Wellingsbüttel die Feuerwehr auf eine über hundertjährige Geschichte zurück. Am 4. September 1890 trafen sich die Dorfbewohner, um eine Wehr zu gründen. Zu dem Zeitpunkt war die Bankierswitwe Behrens, „Madame" genannt, Herrin auf dem Gutshof. Sie stiftete die erste Spritze für die neue Freiwillige Feuerwehr. In den zwanziger Jahren kam eine Motorspritze, 1939 der erste Mannschaftswagen ins Spritzenhaus. Nach dem Wiederaufbau in den Nachkriegsjahren freuten sich die Wellingsbütteler Kameraden über das Prädikat „schnellste Feuerwehr Deutschlands", das von Wettbewerben ins Alstertal geholt wurde. Heute übt der Nachwuchs im alten Spritzenhaus an der Einmündung von Up de Worth in den Wellingsbütteler Weg.

Fast so traditionsreich wie die Feuerwehr ist das Vereinsleben beim Sportverein TSC Wellingsbüttel, der im Frühjahr 1997 seinen 60. Geburtstag feierte. Er wurde am 6. April 1937 in der „Friedenseiche" als VfL gegründet, hervorgegangen aus dem Wellingsbüttler Sportclub von 1926 und dem TuS Alstertal von 1909. Nach Krieg und Nachkriegszeit verließen die Turner 1960 den Verein für Leibesübungen und bildeten den TGV (Turn- und Gymnastikverein). Beim VfL wurde weiter Fußball, Handball und Tischtennis gespielt, bis man 1980 im heutigen Vereinshaus an der Waldingstraße wieder zusammenfand. Seitdem gibt es den Turn- und Sportclub Wellingsbüttel mit über 3000 Mitgliedern aus dem gesamten Alstertal.

Von der Waldingstraße, an der einst der legendäre Pastor Boeck gewohnt hatte, zur Lutherkirche Up de Worth. Lange mußten die Wellingsbütteler, wie die Einwohner der meisten anderen Dörfer im Alstertal, nach Bergstedt zur Kirche gehen, seit Anfang des 20. Jahrhunderts nach Bramfeld. Dort wirkte viele Jahre Christian Boeck, zunächst als Hilfsgeistlicher, später bis 1933 als Seelsorger an der Osterkirche. Im selben Jahr wurde Wellingsbüttel Pfarrbezirk innerhalb der Bramfelder Gemeinde. Pastor Boeck, eigentlich wegen Schwerhörigkeit schon im Ruhestand, zog also in die Waldingstraße (die damals noch Waldstraße hieß) und übernahm das neue Amt. Nun war es sein ganzes Bestreben, diese Pfarrstelle mit einem eigenen Gotteshaus auszustatten. Am 28. November 1937 war es soweit: Landesbischof Paulsen weihte am 1. Advent die Lutherkirche ein. Der „Hamburger Anzeiger" kommentierte damals: „Aus dem Grabhügel aus der Bronzezeit erhebt sich das neue Gotteshaus mitten in der jungen Siedlung. Beherrschend seine Umgebung mit dem mächtigen Turm über dem langgestreckten Bau. Ein schönes, schlichtes, aber ungemein traulich wirkendes Gotteshaus mit seinen feingeformten Holzemporen, seiner hochgewölbten Decke, seinen freundlichen Fenstern im weißgetünchten Altarraum, der seinen wirkungsvollen Abschluß findet in der Kanzel." Pastor Boeck hält die erste Predigt. Als dabei eine Wellingsbüttelerin vor Rührung ohnmächtig wird, springt Dorfarzt Dr. Curt Schwantes, über dessen segensreiche Tätigkeit wir schon ausführlich berichtet haben, ihr hilfreich zur Seite. Ein paar Wochen nach der Kirchweihe, kurz vor Weihnachten, wurden die Glocken aus Thüringen geliefert. Zwei davon mußten allerdings schon fünf Jahre später zu Rüstungszwecken abgeliefert werden und wurden eingeschmolzen. Die erste Orgel, aus dem Frühjahr 1938, wurde 1962 durch eine mächtige Neukonstruktion ersetzt.

Pastor Boeck hatte die Gemeinde zunächst an den jungen Amtsbruder Rudolf Scheuer übergeben. Als der schon 1941 als Soldat in Rußland gefallen war, trat Christian Boeck, eine kraftvolle, warmherzige Persönlichkeit, noch einmal auf die Kanzel. Erst am 31. August 1945 schied er aus seinem Amt. Boeck starb, 89jährig, am 21. Juli 1964 und wurde auf dem Bergstedter Friedhof beerdigt. Nach ihm erhielt 1992 die zum Torhaus führende Lindenallee den Namen Christian-Boeck-Allee. Fast 30 Jahre diente dann Dr. Martin Hoberg der Gemeinde. In seine Amtszeit fielen der Bau eines Kindergartens am Schwarzbuchenweg und des Altersheims am stillen Ende der Straße Rabenhorst. Pastor Hoberg holte Kirchenmusiker wie Gerd Zacher und Zsigmond Szathmárys, beide so renommiert wie experimentierfreudig, an die Lutherkirche. Heute dienen die Pastoren Rainer Hendriks, zuvor im seelsorgerischen Einsatz auf St. Pauli tätig, und Wolfgang Voigt der wohlhabenden Gemeinde.

Stimmt das Bild vom reichen Vorort Wellingsbüttel? Es ist ganz sicher zu vereinfacht gezeichnet. Zwar liegt das Durchschnittseinkommen viel höher als im übrigen Hamburg, höher auch als in den anderen Alster-Dörfern. Und die ATAG-Klausel – auch „Villen-Klausel" genannt – verhindert weitgehend, daß die Grundstücke aufgeteilt und verdichtet bebaut werden; der Charakter des grünen Vororts mit weiträumiger, kaum zur Protzigkeit neigender Bebauung scheint nicht gefährdet.

Eigener Augenschein und viele Gespräche mit ganz unterschiedlichen Einwohnern, die auf ihr Herrenhaus, auf die Kultur im Torhaus, auf ihre ruhigen Wohnstraßen, ihren Markt und ihren Shopping-Boulevard am Bahnhof zu Recht stolz sind, zeigen jedoch, wie vielfältig die Strukturen in Wellingsbüttel sind: Neben großbürgerlichen Landsitzen und anspruchsvollen Bungalows stehen die Siedlerhäuser auf 800-Quadratmeter-Grundstücken an der Lagerlöfstraße, am Moorbirkenkamp, am Schwarzpappel-, Saturn- und am Zitterpappelweg. Manche Alt-Wellingsbütteler wohnen in bescheidenen Häusern aus der Jahrhundertwende, andere in kleinen Wohnblocks in S-Bahnnähe. Junge Familien ziehen neuerdings immer häufiger ins Alstertal, seit die Immobilienpreise etwas gesunken sind. Wellingsbüttel lebt, wie Blankenese, wie Volksdorf, von großer Tradition: selbstbewußt und zugleich mit Mut zum Wandel.

Sasel

Einst ein Sachsendorf namens Sasle, viel später – in der ersten Hälfte des 20. Jahrhunderts – aus den Siedlungen des pragmatischen Idealisten Julius Gilcher zum respektablen Vorort Sasel herangewachsen. Zu den sehr unterschiedlichen Gesichtern dieses Stadtteils mit heute etwa 21 000 Einwohnern – vor hundert Jahren waren es knapp 500 – gehört der Annenhof am Saselbergweg. Er wurde 1922 als herrschaftliches Anwesen errichtet. Das Bild zeigt die Lindenallee vor dem Torhaus.

Frischer Wind und alte Werte

„Tja, das is' wohl den meisten Saselern 'n büschen zu kalt heute." Der Schlachter auf dem Saseler Wochenmarkt reibt sich die klammen Finger, „da bleiben die Leute gern hinterm Ofen." Die Kundin sieht das nicht so eng: „Och, bei Ihnen finde ich das heute richtig gemütlich, nicht so 'ne lange Schlange wie sonst", sagt sie. Es ist ein neblig-frostiger Herbsttag, und deshalb gibt es mal kein Geschiebe zwischen Kunaustraße und Dweersblöcken. Aber hinter den Kunststoffvorhängen, die Verkäufer und Kunden vor der Kälte schützen sollen, kommt trotzdem Stimmung auf. Sasel hat nämlich den schönsten Markt im Alstertal. Beim Türken ziehen Mittelmeerschwaden aus den Fässern, in denen er die Oliven eingelegt hat, und ebenso aus den Säcken mit den provenzalischen Kräutern. Die Kundin mit dem dicken Zopf und der Designerjacke schätzt die Erde an der Mohrrübe, nebenan beim Grünhöker aus dem Bioland. Und auch der Roßschlachter hat nach wie vor sein Stammpublikum in diesem bodenständigen Vorort. Der Grieche, nicht unbedingt auf Tuchfühlung mit seinem türkischen Kollegen, schaufelt Schafskäse aus dem Faß in die Plastiktüte, danach füllt er etwas Auberginenmus in ein Schälchen: „Darf's ein bißchen mehr sein?" Klar, Jannis, was so gut riecht, sollte nicht so knapp bemessen werden. Und auch bei der Blumenfrau, deren Stand etwas Feines verspricht – „florambiente", das paßt nun wieder ganz ins Alstertal –, muß auf konkrete Wünsche eingegangen werden: „Ich hab' 'ne Vase mit 'm besonders langen Hals." „Ja, gute Frau, da wären doch jetzt zwei Astern ideal ..."

Vom Turm des „Country-Hauses" klingelt das Glockenspiel, halb eins ist es. Manche Marktbeschicker, so heißen die Leute hinterm Stand, machen schon mal Kasse. Kein Supertag heute, aber auch nicht so schlecht wie das Wetter. Das klar gegliederte Backsteinhaus am Kopfende vom Sasel-Markt, heute Hamburgs stilvollstes Steakhaus, war früher so etwas wie das Rathaus dieses sympathischen Stadtteils, 1927 erbaut, als Sasel noch längst nicht zu Hamburg gehörte. Nur acht Jahre hatte die Gemeindeverwaltung dort genügend Platz, dann zogen die Nazis mit ihrer Hitler-Jugend und anderen Parteigliederungen ein. Eine Zeitlang wurde allerdings auch Gottes Wort hier verkündet, denn Sasel hatte ja seinerzeit, wie die meisten stormarnschen Gemeinden der Umgebung, keine eigene Kirche; jahrhundertelang war die schöne alte Bergstedter Kirche auch für die Saseler zuständig. Nach einem Bombenangriff im Jahre 1942 brannte das ehemalige Rathaus aus. Mit dem Wiederaufbau 1949 zog erst die Polizei, später die Ortskrankenkasse und danach für viele Jahre die Bücherhalle ein. Erst in den Neunzigern baute es die „Country-Haus"-Kette zu einem gemütlichen Restaurant um; der historische Rahmen blieb intakt.

Rund um den Markt demonstrieren viele Geschäfte bis heute schon im Namen die Verbundenheit mit ihrem Ort. Da werden kranke Katzen in der „Tierklinik Sasel" abgegeben, da wird Obst und Gemüse im „Fruchthaus Sasel" eingekauft, und wer sich bewußt ernähren will, kauft die Zutaten im „Reformhaus Sasel". An Apotheken herrscht in Marktnähe kein Mangel: Gegenüber der Bücherhalle an der Kunaustraße löst die „Fridericus-Apotheke" die Rezepte ein, um die Ecke herum steht die „Markt-Apotheke" zu Diensten, ihr gegenüber, an der Ecke Waldweg, hilft die „Saselbek-Apotheke". Zu den markanten Gebäuden in hellem Rotklinker gehören auch die Sparkassen und ein großes Postamt, zentrale Versorgungseinrichtungen für einen Hamburger Vorort, der inzwischen – mit etwa 21 000 Einwohnern – fast so groß ist wie das im Westen angrenzende Poppenbüttel.

Die Geschichte des einstigen Dorfes Sasel erstreckt sich offiziell über mehr als 700 Jahre, vielleicht reicht sie aber auch ein Jahrtausend oder noch länger in die Vergangenheit. Wir werden gleich noch ein bißchen genauer zurückschauen, zum Beispiel in die Zeit der Bauernvögte im ausgehenden Mittelalter, in die Periode der Abhängigkeit vom Hamburger Domkapitel, in die Jahre des Elends während des Dreißigjährigen Krieges, in das vermeintliche Idyll des 18. und 19. Jahrhunderts, in die Umbruchzeiten in der ersten Hälfte unseres Jahrhunderts, als Sasel mit der Siedlerbewegung in kurzer Zeit um mehrere tausend Einwohner wuchs und sich vom Dorf zum grünen Hamburger Stadtrandviertel wandelte, und, auch das gehört zur Geschichte Sasels, in die Zeit der braunen Pest, als die Nazis hier kurz vor Kriegsende jüdische Frauen aus Auschwitz in ein Lager pferchten. Unter den Augen der Bevölkerung – alle haben es gesehen und gewußt, die damals in Sasel lebten – wurden diese Frauen jeden Tag zur Zwangsarbeit getrieben.

Das alte Sasel … nein, es war nie eine „Adresse" wie das benachbarte Wellingsbüttel. Es hat seine Geschichte wie jedes Dorf, aber es hat nie Geschichte gemacht; keine Ereignisse von überragender historischer Bedeutung haben hier stattgefunden, kein Schloß, keine Herrschaft hat nachwirkende Impulse geben können. Wenn es denn ein Etikett sein soll, das Sasel charakterisiert, so mag „bürgerlich-bodenständig" die Atmosphäre rund um den Markt vielleicht am treffendsten kennzeichnen.

Das Einkommen der Saseler lag 1996 mit 71 000 Mark im Jahr zwar deutlich über dem Hamburger Mittel (56 000 Mark), aber zum Beispiel in Wellingsbüttel wird mit durchschnittlich rund 140 000 Mark fast das Doppelte verdient. Auch in Lemsahl-Mellingstedt (92 000 Mark) und Duvenstedt (über 80 000 Mark) sind die Leute wohlhabender.

Plagen und mühen mußten sich die Saseler schon in jener Zeit, die heute allzu gerne verklärt wird. Schauen wir mit den Augen einiger alter Saseler zurück in die ersten Jahre des 20. Jahrhunderts. Damals, vor dem Ersten Weltkrieg, prägten eine Handvoll Bauerngehöfte und das große Saseler Gut das Dorfbild. Übriggeblieben ist der ehemalige Kuhstall, in dem seit Mitte der achtziger Jahre das Sasel-Haus untergebracht ist, das vielseitigste Bürgerhaus des Alstertals, zugleich der kulturelle Mittelpunkt des Ortes. Davor lag früher, still und verträumt, der Hofteich, drum herum standen die Katen der Landarbeiter. Diese Häuser, letzte Relikte der bäuerlichen Vergangenheit, wurden erst vor knapp vierzig Jahren abgerissen. Gegenüber, wo seit 1962 die Vicelinkirche steht, hatte Bauer Christeinicke seinen Hof, ein paar Jahre lang auch eine Gastwirtschaft (sein Sohn wurde später mit der „Stadtküche" erfolgreich). Das Bauerngut am Pfeilshof, 1888 gegründet, war gleich nach dem Ersten Weltkrieg abgebrannt; nur das ehemalige Herrenhaus, Nr. 35, steht noch. In der Dorfmitte entstanden die Läden, die später – manche bis heute – zur lokalen Tradition gehörten: An der Ecke Waldweg/Berner Weg kauften die Saseler im Manufakturwarengeschäft von Georg Benke ihren Zwirn und ihr Nähband; heute noch knüpft die Firma an diese Tradition an, und ein Ableger im Alstertal-Zentrum gehört der Familie. An der Ecke Dwerblöcken und Saseler Markt, wo heute ein Gemüsemann und eine kleine Boutique ihre Waren anbieten, zählte viele Jahre Schlachter Fründt zum Saseler Inventar. Schulbücher, Griffel und auch ein paar Bonbons kaufte Lütt-Sasel in der Kunaustraße, die damals noch Schulstraße hieß. Ein anderer Tante-Emma-Laden, Krämer Jensen, bei dem es den Hering noch „ut de Bütt" gab, stand an der Saseler Chaussee, dort, wo jetzt Makler Witthöft sein Büro hat. Nicht weit davon, wo heute „Farben-Netzler" ist, verkaufte damals Heinrich Aldag seine Kolonialwaren, wie man seinerzeit die Lebensmittel nannte.

Ecke Waldweg/Berner Weg: das Manufakturwarengeschäft von Georg Benke, bis heute eine Institution in Sasel.

Viele Saseler waren zu Beginn des 20. Jahrhunderts Selbstversorger. Wie wir aus einem Buch von Angelika Rosenfeld, einer verdienstvollen Chronistin des Alstertals, wissen, hielten die hundert Saseler Haushalte um 1900 „507 Schweine, 368 Rinder, 81 Pferde, 63 Schafe, 59 Ziegen, 61 Bienenstöcke". Hühner und Enten wurden bei dieser Viehzählung nicht berücksichtigt.

Dicht neben Aldag bot Schlachter Kröger frisches Fleisch aus eigener Schlachtung an. Das Geschäft wurde später, um 1930, von Emil Jung gekauft, dessen Tochter Franziska, genannt Fränzi, mit 16 Jahren den Boxer Hein ten Hoff heiratete. Jeder Alstertaler kennt diesen Sportsmann noch, der aus dem alten Gasthof „Saselbek", viele Jahre von Hugo Hack geführt, ein Lokal machte, dem er seinen berühmten Namen gab. Jetzt wird in diesem Hause längst chinesisch gekocht.

Siedlungshaus aus der Zeit nach dem Ersten Weltkrieg. Dieses Gebäude an der Straße Op de Elg 25 wurde, wie auch zwei ähnliche Nachbarshäuser, von Fritz Höger entworfen, einem großen hanseatischen Baumeister der zwanziger Jahre, dem Hamburg unter anderem das Chilehaus zu verdanken hat.

Das ehemalige Herrenhaus am Pfeilshof 35 erinnert an die Zeit der großen Güter im Alstertal, die weite Teile ihres Besitzes zur Aufsiedelung im Rahmen der „Alsterthal-Terrain-Gesellschaft“ zur Verfügung stellten (gegenüberliegende Seite).

Kulturtreff und Stadtteilzentrum Saselhaus, 1982 im ehemaligen Kuhstall des Gutshofes eingerichtet. Es bietet heute eine bunte Angebotspalette, die von vielen Alstertalern weit über Sasel hinaus genutzt wird.

Saselhaus: Wo sich in der Nachkriegszeit bis zu 2000 Schüler drängelten, gehen heute die Kleinen in den Kindergarten, und die Großen nehmen an Kursen und Vorträgen aller Art teil.

Vom Nachtwächter Langhein und dem Treffpunkt Kratzmann

Beliebtester Treffpunkt der Saseler aller Schichten war aber durch Generationen hindurch die Wirtschaft von Helmuth Kratzmann. Seine Eltern, Emil und Helene, hatten das Lokal, zu dem anfangs auch ein Gemischtwarenladen gehörte, 1912 von Hinrich Kröger gekauft. Im großen Tanzsaal trafen sich die Aktiven des Gesangvereins „Salia", auch die Geflügelzüchter, die Bürger und Bauern. Hier lernten die Leute aus dem Dorf ihre Partner kennen, hier feierten sie und tanzten, bis sie im Morgengrauen dem

Saseler Schulklasse im Kriegsjahr 1916 mit ihrem Lehrer Karl Ahrens, nach dem heute eine Straße im Ort benannt ist.

Nachtwächter Langhein begegneten, der noch bis weit in die zwanziger Jahre mit seinem Feuerhorn und seiner „Rötermohl" durchs Dorf zog, einer Rassel, mit der er morgens die Gutsarbeiter weckte. Wie so viele andere war auch Renate Kratzmann einst aus der Stadt gekommen, hatte 1952 Hans-Helmuth, den Enkel von Emil Kratzmann, kennengelernt und geheiratet. Als sie 1976 die Wirtschaft von den Eltern übernahmen, hatten sie nur noch wenige Jahre der Selbständigkeit vor sich: 1981, kurz nach dem letzten Sommerball, rückten die Bagger an, Kratzmann mußte dem Ring 3 weichen, der Schutt einer Saseler Institution verschwand unter der Kreuzung Saseler Chaussee/Stadtbahnstraße.

Wir sind der Zeit weit vorausgeeilt. Vom Butterhaus „Hammonia" hätte noch berichtet werden müssen und von den Brüdern Maack, die zuvor an dieser Stelle gewohnt hatten – der eine, Wilhelm, war Pantoffelmacher und bediente nebenher bei Kratzmann das Klavier, der andere schnitt die Rohlinge für die Schuhe zurecht, und der dritte war Ochsentreiber auf dem Gutshof, alles zu Beginn der zwanziger Jahre. Die ganz alten Saseler wissen noch, wie kinderlieb „Willem, de Tüffelmoker" gewesen ist, wie er ihnen Bontjes zusteckte und ihre Klamotten an seinem Kachelofen trocknete, wenn sie ins dünne Eis der Saselbek oder in einen der Kuhteiche eingebrochen waren und sich nicht gleich nach Hause trauten.

Ach, von Kratzmann müßte soviel noch die Rede sein, weil dort ja für so manchen Saseler alles angefangen hat. Aber es gab auch sonst keinen Mangel an zünftigen Wirtschaften. Da war, an der heutigen Kunaustraße, der Gasthof „Wittern", ganz früher hieß er „Büntner"; und da stand, an der Grenze zu Wellingsbüttel, der „Grüne Jäger". Dort zapfte Gustav Meinert viele Jahre lang das Bier. Nach ihm, der auch einmal Amtsvorsteher gewesen war, ist heute die Meinertstraße benannt, die – in Verlängerung der Poppenbütteler Hennebergstraße – von der Stadtbahnstraße abzweigt. Und da war, an der Ecke Saseler Damm/Stadtbahnstraße, der Gasthof „Stender", eine Köm- und Bier-Wirtschaft, wo Handwerksburschen ihren Wochenlohn vertranken und – geheime Zinken an der Tür waren das Signal – Wandersleute und fahrendes Volk auf einen Teller Suppe hoffen durften.

Die alten Zeiten, noch sind sie lebendig in der Erinnerung hochbetagter Saseler. Der einstige Zimmermann Walter Naefcke, 1910 geboren, weiß viel zu erzählen von den Handwerkern der zwanziger Jahre, von Schuster Kock, vom Töpfer und Ofensetzer („Püttjer") Moritz Lehmann, vom Baugeschäft Siebenhühner, vom Zimmermeister Hinrich Wagner, bei dem er in die Lehre gegangen ist. Sie alle wohnten und arbeiteten in kleinen Häusern und Katen hinter dem ehemaligen Gutshaus.

Walter Naefckes Großvater Hermann war um die Jahrhundertwende lange Zeit der Dorfschmied von Sasel. Auch der Bruder des Zimmermanns, ebenfalls ein Hermann Naefcke, der von 1913 bis 1921 als Gemeindevorsteher eine Art Bürgermeister von Sasel war, hatte diesen Beruf gelernt. Erst 1959, nach über hundert Jahren, ist diese Werkstatt an der Ecke Saseler Chaussee und Stadtbahnstraße abgerissen worden. Damals stand gegenüber noch das Lokal von Kratzmann. Die Naefckes – der Urgroßvater von Zimmermann Walter und Schmied Hermann schrieb sich noch Näfken; sein Sohn Claus Hinrich diente um die Mitte des 19. Jahrhunderts bei der Artillerie in Kopenhagen, weil ja Stormarn seinerzeit dem dänischen König untertan war –, die Naefckes also hatten nach knapp neunzig Jahren 1926 den Amboß an Albert Ewert abgegeben. Bis 1950 hat dieser Schmied das Feuer am Flackern halten können.

Walter Naefcke hat Sasel noch erlebt, bevor mit der Siedlerbewegung der große Umschwung kam. Er weiß noch – wie auch andere Zeitzeugen, mit denen ich viele Stunden in der Erinnerung gekramt habe –, daß es damals im Ort keinen Arzt gab. Wenn die Hausmittel der Bauern und der Kräuterweiber nicht mehr halfen, mußte Dr. Sohstmann aus Poppenbüttel kommen oder Dr. Nissen aus Bramfeld, beide hatten schon vor 75 Jahren ein Auto. Die Medizin brachte, wie auch sonst in weiten Teilen des Alstertals, der Bote von Apotheker Piepenbrink aus Poppenbüttel. Und in der Schule am Dorfteich, in der heutigen Bücherei, wirkten die Lehrer Karl Ahrens, ein Rauschebart von sanftem Wesen, und Adolf Griem, bei dem es schon eher mal „was auf die Büx" gab.

Sasle und die Grafen von Holstein

Wie hat alles angefangen mit dem Dorf, das im März 1996 so stolz sein 700jähriges Bestehen gefeiert hat, mit Gesängen des Frauenchors und der Salianer, mit der Brass-Band der Feuerwehr und dem Chor der Grundschule? War die Urkunde von 1296, über die beim Festakt der Saseler Heimatforscher Wilhelm Röpke referierte, wirklich die Geburtsurkunde des Dorfes Sasel? Offiziell schon, denn bevor am 10. Oktober 1296 die Grafen Adolf und Johannes von Holstein dem hamburgischen Kloster Frauenthal den Kauf des „Groß- und Kleinzehnten" in 13 Dörfern bestätigte – darunter „Sasle" (Sasel) und „Wellingsbuttle" (Wellingsbüttel) –, war eben dieses Sasle/Sasel noch nirgendwo beschrieben worden.

Über die Bedeutung des Ortsnamens sind sich die Heimatforscher zwar nicht ganz schlüssig. Die Silbe *sas* könnte aber auf Sachsen deuten, *le* mag die Verkleinerungsform von *loh* (= Wald) sein, eine altdeutsche Flurbezeichnung, wie sie auch anderswo im Alstertal noch in Straßennamen vorkommt.

Sasel, so nehmen die Heimatforscher an, wird Ende des 13. Jahrhunderts wohl kaum größer als vier Bauerngehöfte (Hufen) gewesen sein. Dieses kleine Dorf gelangte 1356 zusammen mit anderen Dörfern der Umgebung in den Besitz der Gemeinschaft hamburgischer Domherren (Domkapitel). Dabei wurde Sasel, welche Ehre, sogar vom obersten Herrn persönlich, dem Propst, verwaltet. Auch die Dörfer Poppenbüttel und Bergstedt gehörten zu dessen Einflußbereich. Kirchlich war Sasel über viele Jahrhunderte nach Bergstedt orientiert, wo sich bis weit in unser Jahrhundert hinein für alle Dörfer, die in diesem Buch behandelt werden (mit Ausnahme von Hummelsbüttel), der religiöse Mittelpunkt für die Wechselfälle des Lebens befand: Taufen, Konfirmationen, Trauungen, Beerdigungen. Mehr als 400 Jahre lang trieb überdies der Vogt des Kirchspiels Bergstedt die Steuern und Abgaben auch von Sasel ein. Erst 1768 fielen die Dörfer des Domkapitels an Holstein zurück. Zu der Zeit hatte Sasel aber schon seinen eigenen Bauernvogt, eine Art Bürgermeister. Mit diesem Titel war die „Kruggerechtsame" verbunden: das Recht, eine Gastwirtschaft zu führen. Neue Empfänger für die Saseler Abgaben (u. a. Holz, Getreide und Geld für die Erlaubnis, Torf zu stechen) waren nun die Amtsherren von Trittau. Oberster Landesherr war der dänische König, zugleich Herzog von Schleswig und Holstein, auf den sich 1460 die schleswig-holsteinischen Stände als Vertreter der Adligen, der Bürger und der Bauern geeinigt hatten.

Auch nach dem Gastwirt und Amtsvorsteher Gustav Meinert wurde eine Straße benannt. Er warb im Jahre 1900 im „Führer durch die Alstergegend" mit seinem großen schattigen Garten für die Einkehr in den „Grünen Jäger".

Als die Russen einst durch Sasel zogen

Einige Jahrhunderte lebten die Saseler mehr oder weniger ruhig und friedlich vor sich hin, stets allerdings gedrückt von der Last der Abgaben. Im Dreißigjährigen Krieg (1618 bis 1648) zogen neben dänischen auch einmal russische Truppen durch Sasel. Die Verbündeten des dänischen Königs machten sich dabei durch rüpelhaftes Benehmen und zahlreiche Diebstähle keine Freunde in dem kleinen holsteinischen Dorf. Das ging so weit, daß die Bauern ihr Vaterunser erweiterten und in Bergstedt beteten: „… gib, daß der Plag ein Ende sei, und mach uns arme Bauern frei vom Übel. Die Moskowiter samt dem Zaren, laß hin zu allen Teufeln fahren. Amen."

Und noch einmal, in den napoleonischen Wirren zu Beginn des 19. Jahrhunderts, war Sasel wie auch andere Dörfer des Alstertals Schauplatz kriegerischer Randerscheinungen des großen Weltgeschehens. 1806 hatten Napoleons Truppen Hamburg besetzt. Sieben Jahre später, die Hamburger ächzten bereits lange genug unter der Franzosenherrschaft, schlugen sich die Dänen auf die Seite Frankreichs. Bis zur Befreiung Hamburgs im Mai 1814 belagerten neben preußischen Truppen auch Russen und Schweden die besetzte Stadt. Sie marschierten unter anderem durch Stormarn – für sie feindliches Land, denn es gehörte ja dem Dänenkönig –, stahlen den Bauern in Sasel das Vieh, plünderten die Höfe und ärgerten auch sonst die knapp 200 Saseler reichlich. Russische Ulanen machten Quartier in Wellingsbüttel und eben auch in Sasel, sie verlangten zu essen und vor allem zu trinken. Fast ein Jahr dauerte dieser Zustand. Erst nachdem die Dänen im Februar 1815 mit Rußland und Preußen Frieden geschlossen hatten, zogen sich die Russen aus dem Alstertal zurück. Mindestens noch hundert Jahre lang erzählten sich die Saseler böse Geschichten aus ihrer „Russenzeit".

In der zweiten Hälfte des 19. Jahrhunderts zählte Sasel etwas mehr als 300 Einwohner. Nach dem zweiten deutsch-dänischen Krieg (1864) hatten sich die Dänen aus Schleswig und Holstein zurückziehen müssen. Sasel gehörte nun, ab 1867, zum neu gebildeten Kreis Stormarn auf preußischem Territorium. Es galten das Dreiklassenwahlrecht, die (zunächst wenig geliebte) preußische Militärordnung und in der Schule „Zucht und Ordnung". Ab 1874 tagte im alten Krug – er hieß inzwischen „Saselbeck" – der erstmals gewählte Gemeinderat, der die Bauernvögte alter Zeiten ablöste. In diesen Räumen wurden 1893 auch vorübergehend die damals immerhin schon 115 Saseler Schulkinder unterrichtet, weil das strohgedeckte Schulhaus am Teich mal wieder abgebrannt war. Lange dauerte das Provisorium allerdings nicht, denn im selben Jahr konnte die Schule an der heutigen Kunaustraße eingeweiht werden; früher hieß sie Schulstraße. (Übrigens: Thomas Kunau war ein hoffnungsvoller Junglehrer, 1912 angestellt, der 1914 in den Weltkrieg ziehen mußte und auch gleich gefallen ist.)

Julius Gilcher (1875–1955) war Gründer und treibende Kraft der Saseler Siedlerbewegung.

Seit 1889, Sasels Einwohnerzahl war auf fast 500 gestiegen, war das Dorf innerhalb Stormarns Teil des Amtsbezirks Poppenbüttel geworden. Den Saselern soll das nicht gefallen haben. Vielleicht erklärt sich aus dieser einst von oben festgelegten Unterordnung jene Rivalität zwischen Saselern und Poppenbüttelern, die früher einmal spürbar gewesen sein soll.

Ins 20. Jahrhundert war Sasel noch als kleines Dorf mit hundert Häusern und drei gepflasterten Straßen gegangen, ohne Siel und ohne Wasserleitung. Erst in den zwanziger Jahren sollte sich sein Gesicht ganz entscheidend ändern. Der Grund waren die Landverkäufe der Güter Saselhof und Pfeilshof und die damit verbundenen Visionen so unterschiedlicher Männer wie Julius Gilcher, Senior der genossenschaftlich ausgerichteten Siedlerbewegung in Sasel, und – früher noch – Johann Vincent Wentzel, dem als Makler eine Villenbebauung des Alstertals in großem Stil vorschwebte. Wentzel hatte zusammen mit den Gutsbesitzern Conrad Reuter aus Sasel, Eduard Henneberg aus Poppenbüttel und Otto Jonathan Hübbe aus Wellingsbüttel schon 1910 die „Alsterthal-Terrain-Gesellschaft" gegründet, aus der zwei Jahre später die „Alsterthal-Terrain-Actien-Gesellschaft" (ATAG) wurde. Schon vorher war von diesen vorausschauenden Männern die „Alsterthalbahn-Gesellschaft" ins Leben gerufen worden. Ziel des Unternehmens war eine elektrifizierte Bahnlinie zwischen Ohlsdorf und dem Alstertal, mit Anbindung an die Walddörfer. Von dieser ATAG mit ihren Höhen und Tiefen ist auch die Rede in den Kapiteln über Poppenbüttel und Wellingsbüttel.

Julius Gilcher, 1875 geboren, hatte andere Ideale. Er war ein vierschrötiger, redlicher, liberal denkender Bauernsohn, der in Deutsch-Ostafrika als Landwirtschaftslehrer gearbeitet hatte und in der Kleingarten-Bewegung groß geworden war. Sein 1918 in Eimsbüttel gegründeter „Eigenheim-Siedlungs-Sparverein" lehnte jegliche Bodenspekulation ab. Ein Jahr später, im Juni 1919, erreichte ihn die Nachricht, daß das Gut Saselhof zum Verkauf stehe. Der langjährige Besitzer Conrad Reuter, ein hochangesehener Landwirt, wollte neue Aufgaben in der staatlichen Milchwirtschaft übernehmen. Reuter, dessen ganzer Stolz seine 170 Kühe waren und dessen soziale und dem Gemeinwohl verpflichtete Einstellung überall gelobt wurde – so ließ er beispielsweise den alten Dorfplatz mit Eichen umpflanzen –, Conrad Reuter also beauftragte den Makler Wentzel mit dem Verkauf des Gutes Saselhof, zunächst für 2,5 Millionen, bald darauf für nur noch 1,3 Millionen Mark – immerhin 850 Morgen Land, mehr als zwei Millionen Quadratmeter beste Äcker, Wiesen, Weiden und Wald.

Julius Gilcher war begeistert. Er, ein Idealist, aber kein Phantast, sah bereits die Parzellen vor sich, die Häuser entstehen, die Siedler auf eigener kleiner Scholle ihr Gemüse ernten. Aber der Ankauf und die Aufteilung des Gutes gestalteten sich schwierig. Zunächst lehnten die Mitglieder des Siedlungsvorstands, also Gilchers eigene Leute, das Projekt als mehrere Nummern zu groß ab: „Derartige Ankäufe leistet sich kaum der hamburgische Staat." Als es um 30 000 Mark Anzahlung ging und Julius Gilcher außer seiner Seriosität nur zwei Bürgen fand, den Gartenbauinspektor Georg Goppelt und den Postbeamten Stüber, streckte die Maklerfirma Wentzel & Hirsekorn den Betrag dennoch vor, ein großzügiger Vertrauensvorschuß. Jetzt konnten endlich Siedler geworben werden. An den Sommersonntagen des Jahres 1919 reisten die Interessenten scharenweise mit der Alstertalbahn nach Poppenbüttel, um anschließend zu Fuß nach Sasel zu marschieren. Dort nahmen sie ihre künftige Siedlerheimat voller Tatendrang in Augenschein. Der „Siedlungsverein Sasel" wurde gegründet, und am 14. September 1919 ging das Gut Saselhof in seinen Besitz über. Bald waren 574 Parzellen, alle zwischen 1800 und 3000 Quadratmeter groß, auf sechs Koppeln verkauft. Stichstraßen wurden angelegt, Wasserleitungen gebaut, eine Stromversorgung wurde eingerichtet. Auch das Gut Pfeilshof wurde ab 1921 in Kleingärten aufgeteilt. Es war das Jahr, in dem sich die beginnende Inflation erstmalig bemerkbar machte. Hatten die Saselhof-Grundstücke noch Ende 1919 nur 1,90 Mark pro Quadratmeter gekostet – sogenannte Erwerbssiedlungen, Kleinbauernstellen, waren noch billiger –, so lag drei Jahre später der Quadratmeterpreis bereits bei 5 Mark.

Mit dem Pferdewagen nach Barmbek

Die Siedler müssen sich wie die Pioniere im Wilden Westen vorgekommen sein. Mit der Schottschen Karre rückten sie an, das Baumaterial und die Werkzeuge aufgeladen. Noch waren ja die meisten Wege sandig oder verschlammt, die Versorgungseinrichtungen dürftig, die Verkehrsverhältnisse schlecht. Auf der Strecke Ohlsdorf–Poppenbüttel fuhr dreimal am Tag ein Dampfzug, der aber den meisten Leuten zu teuer war. Sie liefen zu Fuß nach Hamburg oder fuhren manchmal mit einem Pferdewagen bis Barmbek.

Aus der Stadt zogen vor allem sogenannte „kleine Leute" zu, Arbeiter, Angestellte und einige Handwerker, die sich in Sasel ihren Traum vom Häuschen auf eigenem Grund und Boden erfüllen wollten. Später, in den dreißiger Jahren, entstanden auf dem Gelände des Pfeilshofs und auf dem Gebiet des Hofes Alte Mühle Schrebergärten. Sie wurden größtenteils erst nach 1954 mit Einfamilienhäusern bebaut.

Hans Kähler, Vater des Chronisten Paul Kähler, war in den zwanziger Jahren ein ortsbekannter Kohlen- und Futterhändler.

Anfangs standen auch im Kern von Sasel vielfach nur Wochenendhäuser auf den Parzellen. Jeden Sonntag kamen die Siedler, um ihr Eigentum auszubauen, nicht immer nur wohlwollend von den alteingesessenen Dörflern aufgenommen. Paul Kähler, 1921 mit seinem Vater nach Sasel gezogen (und dort Ende 1996 gestorben), erinnerte sich: „Wenn wir Brot vom Backhaus holen wollten, ernteten wir scheele Blicke. Überhaupt: Wir waren die Neuen, die sich erst bewähren mußten." Aber schon bald schweißten der Alltag, die Kameradschaft in der Feuerwehr und im Gesangverein Salia die Bauern und die Neubürger zusammen. Seit 1902 besaß die 1884 gegründete Wehr eine vierrädrige Spritze, von stämmigen Pferden gezogen. Die Pferde für den Spritzen-, den Schlauch- und den von Conrad Reuter gestifteten Mannschaftswagen mußten reihum von den Bauern und denjenigen Siedlern gestellt werden, die über Pferde

In der Bücherhalle an der Kunaustraße war früher die Schule untergebracht.

Gemüse, Kräuter und Obst gehören zum Angebot von Christel Segelbach und ihrer Tochter Ute, die donnerstags und sonnabends mit ihren Waren auf dem Saseler Wochenmarkt vor dem einstigen Rathaus stehen.

Die Vicelinkirche im Ortszentrum, 1962 geweiht, ist nach einem bischöflichen Missionar des 12. Jahrhunderts benannt.

Das ehemalige Saseler Rathaus, 1927 für die Gemeindeverwaltung erbaut, beherbergt heute ein Restaurant.

Dieses Fachwerkhaus am Volksdorfer Weg 226 steht im Westen Sasels, nahe der Berner Au. Das fast 120 Jahre alte Haus beherbergt seit Jahrzehnten einen Antikmarkt.

verfügten. Das waren anfangs nicht viele, aber Kählers, die erst eine Schweinemast, bald aber schon eine Kohlenhandlung betrieben, konnten sich beteiligen. Sie lieferten mit drei Trägern Briketts und Koks aus und verkauften den Siedlern außerdem Futter für deren Hühner, Gänse und Schafe. Die Häuser der Neubürger sahen damals fast alle gleich aus: Sie hatten runde Türen und einen Stall im Anbau, wo Geflügel, Ziegen und Schafe gehalten wurden.

Julius Gilchers Vision vom Wohnen in frischer Luft und naturnaher Umgebung, nicht gedrückt von hohen Hypotheken, wuchs erst in Jahrzehnten zur Wirklichkeit heran. 1923 nämlich geriet sein Siedlungsverein in arge Turbulenzen: Für hundert neue Häuser sollten Hypotheken auf bereits bebaute Grundstücke eingetragen werden, und zwar je sechs Zentner Roggen. Das lehnte die Mehrheit einer Mitgliederversammlung ab, so daß die Häuser erst einmal nicht gebaut werden konnten. Der Siedlerverein verlor seine Gemeinnützigkeit und damit seine Basis. Im Jubiläumsbuch „30 Jahre Siedlung Sasel“ schaute Gilcher 1949, sechs Jahre vor seinem Tode, enttäuscht auf die Niederlage von 1923 zurück, aber auch mit Stolz auf die neue Hoffnung in den Jahren danach: „Das Zerschlagen meiner Siedlungsideen, mit deren Verwirklichung ich glaubte, die Terrainspekulation bekämpfen und jedem sparsamen und strebsamen Arbeiter, Angestellten und Beamten ein Eigenheim mit schönem Obstgarten schaffen zu können, traf mich schwer. Heute aber, nachdem aus landwirtschaftlichem Besitz ein fast einheitlicher großer Obst- und Gemüsegarten geworden ist, nachdem zu den ersten, vom Verein beschafften zehntausend Obstbäumen weitere Tausende hinzugekommen sind – heute freue ich mich, für dieses Sasel gesorgt und gearbeitet zu haben. Aus einem Dorf mit 400 bis 500 Einwohnern ist ein Siedlungsgebiet mit 14 000 Einwohnern geworden. Wenn auch einzelne glaubten, mit Spekulationsgewinnen von hier Abschied nehmen zu können, so dürften sie es in den letzten zehn Jahren bitter bereut haben.“

So idyllisch sah Sasel um 1890 aus.

Als 1933 auch in Sasel die Nazis die Macht übernahmen und der alltägliche Terror gegen Andersdenkende begann, hatte das Dorf etwas über 4000 Einwohner, viermal soviel wie zu Beginn des Siedlungsaufbaus und weit mehr als alle anderen Orte im Alstertal. 1937, im Jahr des Groß-Hamburg-Gesetzes, das Sasel der nahen Millionenstadt angliederte, lebten zwischen Pfeilshof und Mellingburger Schleuse schon mehr als 6300 Menschen. Sasel war endgültig vom Dorf zum Vorort geworden.

Die Nationalsozialisten konnten sich in Sasel zunächst keineswegs ins gemachte Nest setzen. Vor der Machtübernahme waren sie sogar deutlich in der Minderheit. Stärkste Partei waren, der Bevölkerungsstruktur entsprechend, stets die Sozialdemokraten gewesen. Aber schon bei den Wahlen von 1933 zogen die Nazis ein Drittel der Stimmen auf sich, der Saseler Park am ehemaligen Gutshof wurde in Adolf-Hitler-Park umbenannt, und natürlich wehten überall die Hakenkreuzfahnen. Licht in das dunkelste Kapitel dieses Teils der Saseler Geschichte, das KZ-Außenlager am heutigen Feldblumenweg, haben vor 15 Jahren Schüler des Saseler Gymnasiums Oberalster (GOA) gebracht. Die Klasse 9c mit ihrem Lehrer Gerd Liszkowski recherchierte von 1980 bis 1982 den grausamen Weg von über 3000 Jüdinnen, die Ende 1944 von Auschwitz nach Neuengamme transportiert worden waren; 500 von ihnen wurden weiter nach Sasel verschleppt, zur „Vernichtung durch Arbeit“, wie es menschenverachtend hieß. Bis sie wenige Tage vor Kriegsende noch nach Bergen-Belsen deportiert wurden, mußten sie tagtäglich völlig unzureichend bekleidet, erbärmlich verpflegt, krank und abgemagert nach Poppenbüttel marschieren, um dort die sogenannten Plattenhäuser zu bauen, Behelfsheime für Bombengeschädigte aus Hamburg. Manchmal gab es durchaus Versuche von Saselern und Poppenbüttelern, den Frauen Brot zuzustecken. Die meisten

Einwohner aber schauten weg, wollten nicht wissen, welches Leid sich vor ihrer Haustür abspielte. Die Menschen, so die im nachhinein immer wieder vorgebrachte und wenig glaubwürdige Entschuldigung, seien durch den Kriegsalltag, durch Bombenangriffe oder durch Nachrichten von der Front so abgestumpft, so sehr mit sich selber beschäftigt gewesen, daß sie das Elend der Jüdinnen nicht mehr wahrnehmen wollten. Eine der Frauen, die sich damals, von Hunden und peitschenbewehrten Männern bewacht, nach Poppenbüttel schleppen mußten, war Cecilie Landau, die heute Lucille Eichengreen heißt und in Kalifornien lebt. Sie erinnerte sich bei einem späteren Besuch im Alstertal: „Es war furchtbar. Mir hat niemand geholfen. Noch heute bin ich krank und halb taub von den Schlägen der SS-Leute."

In der Nachkriegszeit zogen noch einmal viele Hamburger nach Sasel hinaus. Anders als in Wellingsbüttel konnten hier die großen Parzellen aus den Anfangsjahren der Siedler in vier oder fünf Grundstücke normaler Größe aufgeteilt werden. Der Frahmredder hieß seinerzeit noch Großer Kamp, zwischen den Siedlungen lagen Felder, die Kinder badeten noch an der Mellingburger Schleuse und lümmelten sich anschließend auf der Liegewiese, die es dort in den vierziger und fünfziger Jahren gab. Auch im Freibad Saselbek, 1935 durch einen Kopfsprung des einbeinigen NS-Bürgermeisters Horst Thürmer eingeweiht, ging der sommerliche Badebetrieb bis weit in die sechziger Jahre weiter. Dann genügte das Bad, das einst von der Saselbek gespeist wurde und „nur" einen Sandboden hatte, angeblich nicht mehr den Wirtschaftswunder-Ansprüchen. Noch spielte bei Kratzmann an den Sonntagnachmittagen die Kapelle „Sonamento" (die auch durch ihre regelmäßige Präsenz auf dem Helgoland-Dampfer „Jan Molsen" in Hamburg eine große Popularität genoß), die Heimwerker kauften ihre Eisenwaren und Werkzeuge noch überwiegend bei Lüders am Markt, und wer nicht nur Obst und Gemüse anbauen wollte, holte sich das Notwendige zur Verschönerung seines Gartens bei „Samen-Körner". 1932, damals noch allein auf weiter Flur, hatte Ehrich Körner das Geschäft in einem Häuschen gegründet, das eher einer Baracke ähnelte als dem heutigen stattlichen Anwesen an der Ecke Frahmredder/Stadtbahnstraße. Nach 1969 folgten die Körners, inzwischen in dritter Generation, dem Trend der Zeit und boten zusätzlich feine Landhaus-Mode an, dankbar aufgenommen von jener Alstertaler Klientel, die das Besondere sucht.

Der Saseler Hüne Hein ten Hoff (1,93 Meter groß, 1,30 Meter Brustumfang) sicherte sich 1946 mit einem Punktsieg über Walter Neusel den Titel des Deutschen Schwergewichtsmeisters. Und vier Jahre später, kurz bevor er Europameister der Profiboxer wurde, übernahm der lange Hein von seinem Mentor und Schwiegervater Emil Jung das traditionsreiche Lokal „Saselbeck" (das 1975 von der Familie Wong zum China-Restaurant „Shin Shin" – das bedeutet „Glück und Erfolg" – umgebaut und 1990, nach einem verheerenden Brand, völlig neu gestaltet wurde). In den „Tina-Lichtspielen" machten sich die Jugendlichen älter als sie waren, um Hildegard Knef als verruchte „Sünderin" zu sehen, und bei der Wirtin „Tante Laura" (heute steht da die Diskothek „For You") blühte der Schwarzmarkt.

Bischof Vicelins Blick nach rechts und die Folgen

Aber auch für geistliche Erbauung mußte gesorgt werden, denn durch die Flüchtlinge und den anhaltenden Strom von neu hinzuziehenden Hamburgern war die Einwohnerzahl schon 1950 auf fast 14 000 angestiegen. 1947 war Sasel ein eigenständiger Seelsorgebezirk geworden. Zwei Jahre später vernichtete ein Feuer das 200 Jahre alte strohgedeckte Bauernhaus, den ehemaligen Gasthof „Alte Schmiede", wo seit 1937 Gottesdienste abgehalten worden waren. Die Gemeinde zog für kurze Zeit in die Schule an der Kunaustraße, bis Kirchsaal und Pastorat 1950 neu gebaut waren. Aber erst 1962 läuteten die Glocken einer „richtigen" Kirche am Saseler Markt ein lebendiges Gemeindeleben ein. Sie wurde nach Vicelin benannt, einem Bischof und Missionar, der um 1150, also lange vor der ersten urkundlichen Nennung Sasels, im Holsteinischen heidnische Wenden zum Christentum bekehrt hat. Pastor Peter Lindner, bis zu seiner Pensionierung 1994 36 Jahre lang Geistlicher an dieser Vicelinkirche, erzählte seinen Konfirmanden gern schmunzelnd diese Anekdote: Der Bischof soll seinerzeit auf dem Weg in den Norden, wo er ein neues Kloster gründen wollte, über die Lübecker Chaussee am späteren Sasel vorbei-

Wie durch grüne Tunnel paddeln die Kanuten auf der Alster zwischen Sasel und Poppenbüttel. Schon vor hundert Jahren war dies ein beliebtes Wochenendvergnügen für die Hamburger.

Last und Lust an der Mellingburger Schleuse. Die Wassersportler müssen ihre Boote übers Wehr hieven.

Das Gasthaus „Mellingburger Schleuse“: Kaffee und Kuchen an den Sonntagnachmittagen oder ein reelles Eisbein in einer der rustikalen Gaststuben unterm Reetdach gehören zur Tradition vieler Hamburger Familien.

gezogen sein. An der alten Kratzmann-Kreuzung, heute Ring 3, habe er plötzlich nach rechts gedeutet und prophezeit, daß dort drüben, wo heute die Vicelinkirche steht, dereinst ein Gotteshaus errichtet werden würde ... Drei Jahre nach der ersten Kirchweihe konnte 1965 in Sasels Süden, Auf der Heide, ein zweites Gotteshaus bezogen werden: die Lukaskirche.

Die Salianer sangen nach dem Krieg in alter Frische weiter, und auch der TSV konnte seine Übungen fortsetzen, da die Turnhalle im Heuboden des alten Kuhstalls vom Gut Saselhof den Krieg unbeschadet überstanden hatte. In diesem Kuhstall aus dem letzten Jahrhundert war seit 1938 eine Schule untergebracht. Die Siedler selbst hatten mit einer Schulgeldabgabe von jeweils 200 Mark die Einrichtung von zunächst vier Klassen mitfinanziert. Im Krieg, als der Schulbetrieb unterbrochen war und rings um den Park die Brandbomben auf Sasel fielen, wurden in den Klassenräumen Uniformen genäht, und auf dem Heuboden stapelten sich Lebensmittel als letzte Reserve. Nach dem Krieg, als bis 1949 noch Kriegsversehrte in der Schule Kunaustraße versorgt wurden, herrschte im Kuhstall wieder fröhlich-enger Hochbetrieb: 2000 Schüler in vier Klassen und drei Schichten.

Erst nach 1950 – inzwischen waren zwei neue Flügel an den Kuhstall angebaut worden – entspannte sich die Lage. Die Schule am Park, wie sie nun offiziell hieß, war zu einer schmucken Unterrichtsstätte im Grünen herangewachsen, mit einem Lehrgarten für jede Klasse, einem Werkraum für die Jungen und einer Küche für die Mädchen, denn von Gleichberechtigung war noch nicht die Rede. Ende der siebziger Jahre geriet die Schule in Not. Die Schülerzahlen waren drastisch gesunken, am Redder sollte als Ersatz für die beiden anderen Schulen eine neue gebaut werden. Denn in der Kunaustraße und im Kuhstall regnete es durch, die Fenster waren undicht, für Reparaturen hatte die Stadt kein Geld mehr übrig. Traditionspflege stand in jener Zeit sowieso nicht in hohem Ansehen. Der Ausbau der Kratzmann-Kreuzung, die Verbreiterung der Stadtbahnstraße in Richtung Markt, die „autogerechte" Stadt, das hatte damals Vorrang ... Weg mit dem alten Kuhstall, hieß lange Zeit die Devise unter den damals so fortschrittsgläubigen Politikern.

Die alteingesessenen Saseler waren entsetzt, Vereine, Institutionen und traditionsbewußte Bürger schlossen sich zur ARGE zusammen, zur „Arbeitsgemeinschaft Sasel". Erst als zur gleichen Zeit überall in Hamburg neue Kulturzentren für die Stadtteile entstanden, keimte wieder Hoffnung auf. Der Verein „Sasel-Haus" unter Alfred Mayer, seinerzeit auch Vorsitzender vom TSV Sasel, wurde gegründet. Noch mochten nur die ganz großen Optimisten daran glauben, daß im einstigen Kuhstall einmal ein besonders vielseitiges Stadtteil-Kulturzentrum entstehen würde.

Als der Schulbetrieb Anfang der achtziger Jahre ausgelaufen war, startete das Sasel-Haus bescheiden mit einer Einladung zum Basteln von Adventsgestecken. Vera Schleicher führte seit 1982 den Verein. Zwölf Jahre lang gehörte sie auch dem Festausschuß für das Saseler Heimatfest an, das seit 1976 jedes Jahr Ende September die Alstertaler in Scharen anzieht. Heute laufen an jedem Wochentag gut tausend Menschen durch das Sasel-Haus, die kleinsten Gäste basteln in ihren Kindergartengruppen, junge Leute lernen am Computer, Erwachsene pauken fremdländische Vokabeln, nachmittags dröhnen heiße Rhythmen aus den Übungsräumen: Jazztanz, kreative Körpererfahrung, Gymnastik. Auf insgesamt 2500 Quadratmetern kommen Russisch und Schwedisch zur Sprache, wird mit Kopf, Hand, Fuß und Seele gearbeitet, gemalt, getöpfert, gewebt und radiert, integrative Entspannung und bewußtes Leben geübt. Die weite Welt ist mit Dia-Vorträgen über Kanada oder Kathmandu eingezogen, und Gerhard Kaiser läßt in seinen beliebten Seminaren die klassische Musik aufleben. Er ist es auch, der seit Jahren hochrangige Künstler für die fast 500 Abonnenten der Konzertreihen verpflichtet. Jedes Jahr freuen sie sich an sieben Sonntagen auf Pianisten wie Rudolf Buchbinder, auf das Kammerorchester der Dresdner Philharmoniker oder auf junge Talente, die hier erstmals vor einem großen Publikum ihre Chance wahrnehmen. Ein sympathisches Abo-System macht es möglich, daß die Karten meistens weiterverkauft werden können, wenn mal jemand zum sonntäglichen 18-Uhr-Termin verhindert ist. Mit dem Sasel-Haus im Park des alten Gutshofes hat der Stadtteil Anschluß an seine eigene Geschichte gefunden.

Die Alsterschleife bei der Mellingburger Schleuse. Der unbekannte Maler aus dem vorigen Jahrhundert hat die Hügel am Treudelberg ein bißchen überhöht dargestellt.

Und heute, kurz vor der Jahrtausendwende? Der Stadtteil präsentiert sich als freundlicher Vorort mit weitgehend einheitlicher Einfamilienhausstruktur. Neue Geschäfte haben die meisten Traditionsläden abgelöst, im neuen Restaurant „Donau" an der Saseler Chaussee wird jugoslawisch gekocht, und am Markt duftet es nun auch nach Döner Kebab und türkischer Pizza. Nur beim Gardinen- und Wäschespezialisten Benke bedient noch immer die Seniorchefin, Maria Benke, ihre Stammkunden.

Auch etwas entfernt vom Saseler Zentrum leben Tradition und Moderne ganz gut zusammen. High-Tech im 700 Jahre alten Dorf: Bis übers Dach mit modernster Technik ist die Saseler Außenstelle des Deutschen Wetterdienstes am Frahmredder ausgerüstet. Seit im April 1996 das Observatorium an gleicher Stelle abgebaut wurde, tüfteln etwa 150 hochkarätige Spezialisten vor allem Systeme zur Strahlen- und Ozonmessung aus, forschen für die Umwelt und betreuen eine Wetterstation. Anderthalb Kilometer weiter nördlich, im 250 Jahre alten Bauernhaus an der Mellingburger Schleuse, mit einer urwüchsigen dschungelähnlichen Sumpflandschaft vor der Tür, treffen sich nachmittags die Alstertaler wie eh und je zum Kaffee, abends stehen Forellen aus dem eigenen Becken auf der Karte. Und ein paar Straßen weiter, im ältesten Gymnasium des Alstertals, dem GOA, feiern die Schüler neuerdings ihr Abitur in der Aula. Sie konnte 1997 fertiggestellt werden, weil Eltern, Lehrer und Schüler kräftig mitgeholfen haben. Mit ein paar Baracken zwischen Poppenbütteler und Mellingburger Schleuse, noch jenseits der Saseler Grenzen, hatte im Herbst 1945 die Geschichte des GOA begonnen. Erst Anfang der fünfziger Jahre, mit dem Neubau am Alsterredder, endete das Poppenbütteler Provisorium. Der Wellingsbütteler Schüler Henning Voscherau, seit Jahren Hamburgs Erster Bürgermeister, machte übrigens 1961 hier sein Abitur, betreut von der Lehrerin Hilda Hurst. Fast ein Vierteljahrhundert, bis 1993, prägte Schulleiter Dietrich Ansorge das Niveau des Gymnasiums. Das Motto seiner Nachfolgerin Eva Neumann-Rodenbeck aus Duvenstedt paßt zu Sasel: „Frischer Wind und alte Werte."

Poppenbüttel

Nach fast 670 Jahren geschriebener Geschichte ist aus der Gründung des Priesters Poppilo der betriebsame Mittelpunkt des Alstertals geworden, ein Magnet für mehr als eine halbe Million Menschen im Norden Hamburgs. Von der bäuerlichen Vergangenheit des einstigen Dorfes ist so gut wie nichts erhalten geblieben. Allein einige Gebäude in der Nachbarschaft des alten Gutes Hohenbuchen – im Bild der Park des Anwesens, auf dem sich einst Dichter wie Klopstock oder Maler wie Harzen trafen – zeugen von der großen landwirtschaftlichen Vergangenheit. Besonders der Name Henneberg ist mit der Geschichte Poppenbüttels in den letzten 150 Jahren eng verbunden.

Die kleine Metropole

Es ist kurz nach fünf, ein grauer Freitagmorgen im Alstertal-Einkaufszentrum (AEZ). In der Ladenstraße und vor der Markthalle surren die Staubsauger. Der Wachmann hat vor zehn Minuten die Alarmanlagen ausgeschaltet. Peter Meyer, der technische Inspektor, macht seinen ersten Rundgang. Er kontrolliert die Kühlaggregate, schaut nach, ob sich die Lüfter automatisch eingeschaltet haben und begrüßt die frühen Mitarbeiter. Sie bereiten ihre Auslagen vor, holen empfindliche Waren aus den Kühlräumen, dekorieren die Vitrinen. Eine Stunde später füllt auch Axel Belitz die Käsetheke auf, und kurz nach sieben kommt Uwe Selk mit frischem Obst und Gemüse vom Großmarkt zurück. Bei Lohmeier hat der Schlachter schon die Wurst „ladenfertig" aufgeschnitten, wie er es nennt. Jetzt packt er Schinken und Kasseler Rippen aus dem zwei Grad kalten Kühlraum in den gekühlten Tresen. Im „Backhus" werden belegte Brote und Pizza vorbereitet, und der Chef vom „Saftladen" holt frische Früchte von Selk. Überall dröhnen jetzt die Radios, und über die Theken fliegen Wortfetzen. Die Leute hier sind es gewohnt, in aller Herrgottsfrühe konzentriert zu arbeiten, zwei, drei Stunden, bevor alle Lampen eingeschaltet werden und die Rolltreppen zu laufen beginnen.

Fünfzehn Stunden später. Wie an jedem Tag sind inzwischen fast 60 000 Menschen durch Hamburgs attraktivstes Shopping-Center gelaufen, bedient von 1600 Mitarbeitern. Bei „Schlemmermeyer" und anderswo werden die Tresen leer geräumt, Putzkolonnen bringen die mehr als 160 Läden und zwei Warenhäuser auf Hochglanz. Nur wenige Fahrzeuge stehen noch auf den 3000 Parkplätzen rund ums AEZ. Gegen halb elf gehen die Lichter aus.

Am 4. November 1970 hat es angefangen, mit Heidi Kabel und Willy Millowitsch und einer Rede des damaligen Hamburger Bürgermeisters Prof. Herbert Weichmann. Acht Monate nach dem ersten Spatenstich waren 80 Millionen Mark verbaut, und Poppenbüttel hatte ein neues, ein großstädtisches Gesicht. Noch zweimal wurde seither an- und umgebaut, zuletzt – unter heftigen Protesten der Alstertaler – im Frühjahr 1991. Jetzt glänzt das Innere des Einkaufszentrums im feinen Passagen-Look, und das neue dunkle Ziegelrot der Fassade paßt weit besser in die Landschaft als der Waschbeton der frühen Jahre.

Poppenbüttel ist heute mit 23 000 Einwohnern die Metropole des Alstertals und Magnet für weit mehr als eine halbe Million Menschen aus dem Hamburger Norden. Der Ort wirkt auf den ersten Blick unharmonisch gewachsen, breite Straßen, gesichtslos und verkehrsreich, durchschneiden die verschiedenen Zentren; die Relikte einer dörflichen Vergangenheit von fast 700 Jahren sind kaum auszumachen. Und dann – Liebe auf den zweiten und dritten Blick – sind da stille Parkanlagen am Oberlauf der Alster und sogar direkt unterhalb des Einkaufszentrums (dessen Ausstrahlung 1992 mit einem Preis für Europas ansprechendstes Shopping-Center gewürdigt wurde), alte Landarbeiterhäuser gegenüber dem ehemaligen Gut Hohenbuchen, nahe der Kirche und dem Gemeindezentrum ein Wochenmarkt unter dicken Bäumen (ein zweiter, kleinerer Markt belebt donnerstags am Norbert-Schmidt-Platz die Mitte der Großsiedlung Tegelsbarg), eine eindrucksvolle Abendmahls-Darstellung in der Marktkirche, eine nachgebaute gemütliche Fachwerkkate am Schulbergredder, das denkmalgeschützte ehemalige Wärterhaus an der Poppenbütteler Alsterschleuse und – hoch über der Alster – eine Burgruine, die freilich nicht von alten Rittersleuten, sondern vom Traditionssinn der Hennebergs erzählt; diese Familie hat Poppenbüttel spätestens seit der Wende vom 19. zum 20. Jahrhundert entscheidend mit geprägt. Spaziergänge in die Vergangenheit werden also, wie fast allerorten im Alstertal, nicht sofort und augenfällig mit markanten Sehenswürdigkeiten belohnt.
Auch das Wir-Gefühl ist, anders als etwa in Wellingsbüttel, in Lemsahl oder in Duvenstedt, nicht von besonderem Stolz oder einem ausgeprägten Dorfbewußtsein gekennzeichnet. Andererseits wissen die Poppenbütteler um ihre „Hauptstadt"-Rolle – mit dem Bahnhof, dem AEZ, der Polizei, dem Ortsamt, der Post im Mittelpunkt. Und Metropolen, auch solche im Kleinen, sind nun einmal „Orte gelebter Gegensätze, Orte des Konflikts, der Kreativität, der Innovation", wie Hamburgs Oberbaudirektor Egbert Kossak es einmal formuliert hat. So gesehen ist die Metropole des Alstertals nicht trotz, sondern wegen ihrer kontrastreichen Gesichtszüge ein lebendiger Spiegel der Umbruchzeiten im Alstertal.
Schon vor dem Ersten Weltkrieg bemerkte der

„Führer durch die Alstergegend", herausgegeben vom Alsterverein: „Poppenbüttel, am westlichen Ufer des hier besonders romantischen Alster-Mittellaufs im gleichnamigen Amtsbezirk des Kreises Stormarn mit 571 Einwohnern, ehemals von einem Eichenwald umkränzt, hat schon seit langer Zeit den rein bäuerlichen Charakter eingebüßt." Auch von einer Tradition, die bis in die dreißiger Jahre unseres Jahrhunderts gepflegt wurde, berichtet dieser kleine Reiseführer im Reclam-Format: „Im Mittelpunkt liegt der geräumige Marktplatz, wo seit 1840 im September (am Mittwoch nach Maria Geburt) ein bedeutender Jahrmarkt abgehalten wird." Die alten Poppenbütteler wissen noch, welche Aufregung herrschte, wenn in den zwanziger Jahren der Markttag heranrückte. An der Bäckerbrücke lagerte dann, mit einer Erlaubnis für 48 Stunden und neugierig beobachtet von der Dorfjugend, eine große Zigeunerfamilie. Für einige Tage gingen auch die Kinder des Karussellbesitzers Vespermann in die alte Schule an der Hauptstraße. Der Gendarm August Banck hatte alle Hände voll zu tun, die Festfreude nicht überborden zu lassen. 1913 war er als erster Dorfpolizist in Poppenbüttel angetreten und sorgte bis 1928 mit umgeschnalltem Säbel für Ruhe und Ordnung. Weil er nicht nur ein gewissenhafter, sondern auch ein sparsamer Mann mit Grundsätzen war, konnte er sich schon 1925 ein großes Grundstück am eben eröffneten Bahnhof zulegen. August Banck hatte eine gute Idee: Er gründete Poppenbüttels erste Bahnhofswirtschaft – am nördlichen Rand des Stormarnplatzes, wo heute ein freundlicher Grieche Souvlaki und Retsina serviert. Frau Alwine schenkte Bier für 15 Pfennig aus, und wer als Pendler mit dem Fahrrad gekommen war, um mit der neuen Vorortbahn in die Stadt zu reisen, stellte bei Bancks den Drahtesel in den Keller, für immerhin zehn Pfennig pro Tag. Grete Wulff, geborene Banck, Tochter des tüchtigen Wachtmeisters, half ihrer Mutter an den Wochenenden, die Ausflügler zu bekochen, die mit der Bahn oder mit Booten anreisten, um im Alstertal zu wandern. Die Polizistentochter war gerade in die dreiklassige Schule eingetreten, als Lehrer Ludwig Frahm, der Barde des Alstertals und Mitbegründer des Alstervereins, pensioniert wurde. Gretes Mitschüler waren Kinder aus dem großen Eggers-Clan, der zum Poppenbütteler Urgestein gehört – der Bestattungsunternehmer Willy Eggers am Ohlendieck ist einer von denen, die ihre Abstammung auf eine Bauernstelle am Moorhof zurückführen; allein Willys Großvater hatte 14 Kinder, die Handwerker, Milchhändler und Gewerbetreibende wurden. Wer vor dem Krieg in Poppenbüttel wohnte, kaufte seine Haushaltswaren beim Eisenkrämer Franz Eggers, und Willys Vater Gustav zimmerte schon Anfang der dreißiger Jahre Särge; aus dieser Tischlerei entwickelte sich das Beerdigungsunternehmen von heute. Auch Arthur Rehders, später Schlachtermeister an der Harksheider Straße – der Name Rehders gehört zum Alstertaler „Bauernadel" – saß mit Grete Banck in einem Klassenzimmer. Ende der zwanziger Jahre wechselten die Kinder von der alten Schule an der Poppenbütteler Hauptstraße zum Schulbergredder. Die Mädchen wurden damals nach acht Jahren ins Leben entlassen, die Jungen sprachen ein Jahr länger jeden Tag zum Abschied diesen Spruch: „Nun geh' ich aus der Schule fort, Herr bleib bei uns mit Deinem Wort, mit Deinem reichen Segen, auf allen unseren Wegen."

August Banck, respekteinflößender Dorfgendarm in Poppenbüttel von 1913 bis 1928, gründete die erste Bahnhofswirtschaft am heutigen Stormarnplatz.

Eine Konzession vom König

Die Versorgung mit Medikamenten war vor über siebzig Jahren bequem geregelt. Überall im Alstertal, auch in den Walddörfern und sogar auf dem Gut Wulksfelde, in Glashütte

Apotheker Adolf Piepenbrink war eine weit über Poppenbüttel hinaus bekannte Persönlichkeit im Alstertal. Sein „Alster-Bitter" half Generationen von magenverstimmten Mitbürgern.

und Bramfeld hingen Kästen für die Rezepte, die jeden Tag von einem Boten des Poppenbütteler Apothekers Piepenbrink geleert wurden. Auch an der Banckschen Bahnhofswirtschaft war so ein Kasten angebracht. Die „Privilegierte Apotheke" am Poppenbütteler Weg, von manchen Alteingesessenen heute noch die „Piepenbrinksche" genannt, obwohl sie längst von Wolfgang Wrobel geleitet wird, blickt auf eine bemerkenswerte Geschichte zurück. „Der examinierte Candidat der Pharmacie, Marcus Claus Wilhelm Lüthke aus Pinneberg, gegenwärtig Administrator der Apotheke zu Bramstedt, bittet allerunterthänigst um Ertheilung eines Privilegii zur Anlegung und Einrichtung einer Apotheke im Dorfe Poppenbüttel." So bat am 4. Mai 1847 – noch zu dänisch-holsteinischer Zeit – der Apotheker Wilhelm Lüthke um eine Konzession. Während das königliche Sanitätskollegium zunächst zögerte, wollte der König dem jungen Pharmazeuten die Bewilligung erteilen. Die Apotheker-Konkurrenten in Wandsbek und Ahrensburg stellten sich jedoch gegen Wilhelm Lüthke. Sechs Jahre dauerte es, bis König Frederik VII. sich über jene Apotheker hinwegsetzte, die in der Nachbarschaft um ihre Pfründe fürchteten. Zu Beginn des Jahres 1854 wurde das königliche Privileg aus Kopenhagen in Kraft gesetzt. Nach Wilhelm Lüthke führten Friedrich Jacobsen, Max Otto Poscich, Hugo Licht und – seit der Jahrhundertwende bis zum Zweiten Weltkrieg – eben jener weit über Poppenbüttel hinaus bekannte und beliebte Adolf Piepenbrink die „Privilegierte". Piepenbrink war im Jahre 1900 auch Mitbegründer des bis heute renommierten Alstervereins. 1942 übernahm Gerhard Wrobel das königliche Siegel und die Geschäftsräume am Poppenbütteler Weg von der Witwe Piepenbrink. Inzwischen leitet sein Sohn Wolfgang das Traditionsunternehmen, das freilich längst nicht mehr das alleinige Privileg zur Versorgung der kranken und gesundheitsbewußten Alstertaler besitzt. Allein in Poppenbüttel teilen sich sieben Apotheken die Versorgung. Aber nur am Poppenbütteler Weg 177, unter einem Dach mit dem beliebten Urologenduo Dr. Müller und Dr. Osieka, hängt seit über 140 Jahren ein königlicher Brief neben der Eingangstür. Und fast wie zu Zeiten der Banckschen Bahnhofswirtschaft beliefert noch immer ein „Piepenbrinkscher Bote" die Stammkunden: Seit über 40 Jahren versieht der Ostpreuße Paul Werner diesen Dienst.

Auch andere Poppenbütteler Traditionsunternehmen reichen mit ihrer Geschichte ins 19. Jahrhundert zurück. So gründete August Reinhardt schon 1883 seine Bäckerei an der Poppenbütteler Hauptstraße 37 – am selben Ort, wo heute das „Café Reinhardt" steht. Die Bäckerbrücke im Herzen Poppenbüttels, heute ein kleines Teilstück vom verkehrsreichen Ring 3, erhielt einst ihren Namen, weil Bäcker Reinhardt zuvor an dieser Stelle mehrmals am Tag mit einem Boot übersetzte, um seine Kunden im nordöstlichen Poppenbüttel und in Sasel zu beliefern. Nach der Jahrhundertwende hatte Paul Reinhardt den Betrieb übernommen, später abgelöst von Sohn Ernst, dessen Butterkuchen von den alten Alstertalern bis heute gerühmt wird. 1970, ein Jahr nach dem Tode von Ernst Reinhardt, machte das Café eine Filiale im Alstertal-Einkaufszentrum auf. Zusammen mit dem Gemüsemann Selk und dem Schlachter Lohmeier (seit 1953 an der Poppenbütteler Hauptstraße ansässig) gehörte dieses Poppenbütteler Geschäft zu den AEZ-Pionieren. Ernst Reinhardts Witwe Irma führte die Bäckerei und Konditorei weiter, bis 1978 Karl Käding, Ehemann von Irmas Tochter Ilse, das Geschäft übernahm. Heute hilft ihm, in fünfter Generation, Sohn Thorsten in der Backstube und bei der Geschäftsleitung.

So sah das Stammhaus der Elektrofirma Melle am Moorhof aus.

Nicht weit entfernt, am Moorhof, blickt das Elektrofachgeschäft Melle auf eine fast achtzigjährige Tradition zurück. Als Johannes Melle im März 1919 seinen Installationsbetrieb gründete, zogen die Arbeiter noch mit Pferdewagen oder Fahrrad auf Montage – zur Hoisbütteler Mühle, zur Bäckerei am Grünen Jäger in Sasel, zur Elfenbeinbleiche nach Wellingsbüttel. Die Betriebe ließen damals ihre Maschinen mit Transmissionsriemen antreiben. Seit Anfang 1985 führt Claus Melle das Geschäft in dritter Generation zusammen mit seiner Frau Susanne.

Die Barmbeker „Groschenjungs“ kamen ins Spritzenhaus

Poppenbüttel hatte kurz nach dem Ersten Weltkrieg nur knapp 600 Einwohner. Am 15. Januar 1918 war der erste Zug, ein Benzoltriebwagen, auf den neuen Gleisen von Ohlsdorf nach Poppenbüttel gerollt. Die Hamburger packten ihre Picknickkörbe und zogen in die Poppenbütteler Wirtschaften. Besonders beliebt bei Besuchern und Einheimischen war Timmermanns Lokal. Es stand – zuletzt als Jugendtreff „Sitrone“ bis 1986 – dort, wo heute der „Poppenbütteler Hof“ und das Teppichgeschäft „Ramin“ mit hellem Klinker der alten Dorfmitte ein eigenwilliges Gepräge geben. Bei Timmermann wurde ein Jahrhundert lang gekegelt und auf gespäntem Parkett getanzt, dort zeigten einst vor Weihnachten die Schulkinder, was sie eingeübt hatten, dort trafen sich die Sänger der „Ameticia“ und die Männer der „Militärischen Kameradschaft“. Und wenn die „Groschenjungs“ aus Barmbek mal über die Stränge schlugen, steckte Wachtmeister August Banck sie zur Ausnüchterung ins Spritzenhaus auf dem Marktplatz; das war für solche Fälle mit Strohballen gepolstert. Bei Paula Timmermann, der tüchtigen und beliebten Wirtin, fühlten sich besonders die Sportler wohl, bevor auch dieses Alstertaler Traditionslokal dem Zeitgeist zum Opfer fiel. Schachfreunde, Briefmarkensammler und die Politiker der unterschiedlichsten Parteien – von den Kommunisten bis zu den Konservativen – trafen sich hingegen gern bei Alex und Gerda Krogmann. Bis 1971, mehr als hundert Jahre lang, stand diese Poppenbütteler Wirtschaft in der Nähe des Marktes, dort, wo heute „Penny“ das Geschehen bestimmt.

An traditionsreichen Lokalen hat in Poppenbüttel bis weit in die zweite Hälfte unseres Jahrhunderts kein Mangel geherrscht. Gegenüber der Post – wo jetzt das China-Lokal „Lotus“ auf Gäste wartet – kehrten mit Vorliebe Jäger, Landwirte und andere alteingesessene Poppenbütteler bei „Ellerbrock“ ein, einer Gaststätte, zu der früher auch ein Ausspann zur Unterbringung von Pferden gehört hatte; zuletzt standen hier Hans und Bertha Reimer hinterm Tresen. Und wo heute an der Kreuzung Poppenbütteler Weg/Saseler Damm der Verkehr über den Ring 3 rauscht, mußte 1972 als eine der letzten alten Dorf-

Einzelne alte Bäume bestimmen das Landschaftsbild im Park von Hohenbuchen am nördlichen Ortsrand von Poppenbüttel.

Üppige Blumenwiesen gehören im Frühsommer zum „Schulungszentrum für Naturgemäßen Land- und Gartenbau“. Dieser Verein bemüht sich um Gründüngung, Kompostwirtschaft und gesunde Böden, eine Landwirtschaft nach den Richtlinien des Bioland-Verbandes.

Fachwerkhäuser am Schulbergredder sind so ziemlich die letzten Relikte der dörflichen Vergangenheit Poppenbüttels.

Die Langhein-Kate wurde in den neunziger Jahren nach alten Plänen auf den Fundamenten der ehemaligen Schule wiederaufgebaut. Hier hat das Alstertaler Rote Kreuz seinen Sitz, und die Senioren des Viertels treffen sich zum Tanz.

Pastor Dr. Reinhard Steffen vor dem Altar von Otto Flath. Das Holzkunstwerk war bereits 1943 aus Spendenmitteln vom Kirchenvorstand angekauft worden – also drei Jahre, bevor das Poppenbütteler Gotteshaus am Marktplatz geweiht wurde.

Die Marktkirche im Zentrum der kleinen Metropole wurde 1956 erbaut.

kneipen der „Gasthof Wagener“, früherer Inhaber August Harstall, dem Straßenbau und einem Hochhaus weichen. Nur „Randel“ am Wellingsbütteler Weg, das einstige Hotelrestaurant „Waldhof“, das immer ein wenig nobler und, auch geographisch gesehen, „etwas außen vor“ war, bedient heute noch, fast 160 Jahre nach der Gründung, eine treue und traditionell eingestellte Stammkundschaft. Auf die Geschichte dieses gediegenen Lokals sind wir im Wellingsbüttel-Kapitel eingegangen. Zwar liegt „Randel“ gerade noch auf Poppenbütteler Terrain, hat sich aber schon früher mehr mit dem etwas feineren Nachbarort verbunden gefühlt.

Das noble Ausflugslokal „Alsterschlucht“ am nördlichen Ortsausgang von Poppenbüttel, fast schon auf Lemsahl-Mellingstedter Gebiet, war Gründungsort des bis heute bestehenden Alstervereins.

Vor knapp hundert Jahren warb ein weiterer Gasthof um „Sommerfrischler, Vereine und Touristen“: die „Alsterschlucht“, „belegen am nördlichen Ausgang des von der Natur so reich gesegneten, im Alstertal liegenden Ortes Poppenbüttel“. Dort, bei Richard Jungclauss, war 1900 der Alsterverein gegründet worden, dessen heimatkundliche Arbeit heute noch im Alstertal-Museum (im Wellingsbütteler Torhaus) und weiterhin in den Jahrbüchern zu bewundern ist. Damals kostete die Pension „à Person Mk. 3,50“, eine neue Doppelkegelbahn und ein großer Biergarten waren die Attraktionen. Achtzig Jahre später logierten in der ehemaligen „Alsterschlucht“ alleinstehende junge Damen, und heute wohnen in dem noch immer ansehnlichen, großen gelben Gebäude am Rande des Parks von Hohenbuchen Aussiedler aus Osteuropa.

Anders als etwa Hummelsbüttel oder Sasel hatte Poppenbüttel schon vor der Jahrhundertwende seinen ausschließlich dörflichen Charakter verloren. Die Hamburger kamen seit 1840 regelmäßig zum Jahrmarkt, sie entdeckten dabei das Alstertal und die schöne Lage Poppenbüttels für sich, kauften sich immer häufiger in die zum Teil hochverschuldeten Bauernhöfe ein. „Bei der damaligen unzureichenden Düngung“, so begründet Gustav Apel in einem Kapitel des Buches „Hummelsbüttel und Poppenbüttel“ von Armin Claßen und Walter Rehders, „waren die Erträge nicht ausreichend, um die Zinsen für die eingetragenen ‚Hauspöste‘ (Hypotheken) zu tragen.“ So reizte manchen das Geld der Hamburger. Schon vor über 180 Jahren waren städtische Eigentümer auf die Dorfstellen eingetragen, so etwa Hofrat Ebert, Dr. Düwell oder Frau von Paschen. In den zwanziger und dreißiger Jahren des 19. Jahrhunderts kauft Friedrich Carl Moritz Führer, der Pastor der evangelisch-reformierten Kirche aus Hamburg, gleich mehrere Hufen zu einem großen Besitz zusammen, den zwanzig Jahre später für kurze Zeit ein Konsul Schiller erwirbt. Von ihm kaufen die Hennebergs, ursprünglich aus dem Thüringischen stammend, aber aus dem Braunschweigischen zugewandert, das Land, das schließlich 412 Hektar umfaßt.

Eine Burg hoch über der Alster

Mit dem 20. Jahrhundert begann eine neue Zeit. Eduard Lippert hatte 1896 das Gut Hohenbuchen gekauft. Ansonsten gehörten das Dorf und seine Ländereien weitgehend den Hennebergs. Carl Ludwig Theodor Bruno, der Senior dieser Familie, besaß im ausgehenden 19. Jahrhundert ein stattliches Gut. Auch sein Vetter Albert bewirtschaftete an der Alster einen großen Betrieb, den Marienhof (benannt nach seiner Frau Marie). Dieser Albert C. Henneberg war es auch, der die Burg hoch über der Alster, einen Steinwurf von seinem Marienhof entfernt, im Juni 1884 errichten ließ. Es sollte ein Familienmuseum werden, das in einem großen Saal mit Oberlicht Familienbilder, ein Familienarchiv, eine wertvolle Münzsammlung und Hamburgensien enthielt. Hinzu kamen eine kleine altdeutsche Trinkstube und der Turm, von dem man eine weite Aussicht auf die Hamburger Türme hatte. Seit kurzem versucht der ideenreiche Gastronom Stephan Randel, aus der Burgruine eine originelle Lokalität für kleine Gesellschaften zu machen.

Seit 1884 thront eine Burg, von Albert C. Henneberg neben seinem Marienhof erbaut, über der Poppenbütteler Alsterschleuse.

Vor etwas über hundert Jahren sah der Speisezettel der Hennebergschen Gutsarbeiter ungefähr so aus: Jeden Morgen gab es Kaffee („½ Loth à Mann"), mittags „eine Suppe von frischem Fleisch mit Reis und Klößen von Weizenmehl, ½ Pfund à Mann und ¼ Pfund Reis, ¼ Spint Weizenmehl". Das Mittagessen konnte auch aus einer Buttermilchsuppe und Pfannkuchen, Milchsuppe mit Graupen, Buchweizengrütze oder Buttermilchsuppe mit Buchweizenklößen oder gestobtem Gemüse bestehen. Abends gab es Tee mit „4 Loth Talg oder Speck". Nur zu den Feiertagen kam Abwechslung auf, Ostern zum Beispiel Milchsuppe mit Reis und danach Braten mit Kartoffeln, Pfingsten wurde Braten mit dickem Reis und Kartoffeln aufgetischt. Am Weihnachtsabend freuten sich die Knechte und Mägde über „Apfelpfannkuchen in Schmalz oder Speck gebraten, Punsch von Rum, Zucker und warmem Wasser" und am ersten Festtag morgens über „1 Stich Butter zum fein Brodt". Die Bettwäsche „der Leute" wurde übrigens am 1. Mai, 1. Juli, 1. September, 1. November, 1. Januar und 1. März gewechselt.

Zu Beginn des 20. Jahrhunderts gelingt es Brunos Sohn Eduard, die beiden Henneberg-Höfe zu verschmelzen. Eduard Henneberg, ein jovialer Herr, der schon mal bei Familienfesten seiner Gutsarbeiter bis zum Morgen mittanzt, ist jetzt Amtsvorsteher und damit so etwas wie der Fürst von Poppenbüttel. Aber der Besitz scheint den Hennebergs schon bald über den Kopf zu wachsen. Sie schließen sich mit den Gutsbesitzern aus Sasel (Conrad Reuter) und Wellingsbüttel (Konsul Otto Jonathan Hübbe) zusammen und folgen einer Initiative des Hamburger Hausmaklers Johann Vincent Wentzel. Der schlägt nämlich den Landlords vor, ihren unübersichtlich großen und zum Teil hochverschuldeten Grund im Alstertal aufzuteilen und Stück für Stück zu verkaufen, an reiche Großbürger, die sich hier Villenbesitz zulegen möchten, und an Siedler, die sich im Alstertal den Traum vom Häuschen im Grünen verwirklichen wollen. Wenn die Vorortbahn bis Poppenbüttel verlängert würde, so ihre gemeinsame Idee, könnten erstens die Produkte der Güter schneller und billiger in die immens wachsende Großstadt geliefert und würde zweitens das Land für neue Siedler attraktiver werden. Also wurde zunächst, im Mai 1908, die „Alsterthalbahn-Gesellschaft m. b. H." und zwei Jahre später die „Alsterthal-Terrain-Gesellschaft m. b. H" gegründet. Beide gingen 1912 in der „Alsterthal-Terrain-Actien-Gesellschaft" (ATAG) auf. Insgesamt wurden vier Millionen Quadratmeter Boden in die ATAG eingebracht, nämlich 1,9 Millionen von den Hennebergs, fast 1,4 Millionen aus Wellingsbüttel und gut 600 000 aus Sasel.

Mit der Alstertalbahn geht es zunächst rasch voran. Noch vor dem Ersten Weltkrieg, am 3. April 1913, wird der erste Spatenstich am Poppenbütteler Bahnhof getan; zwischen Ohlsdorf und Poppenbüttel müssen elf Brücken gebaut werden. Nach Beginn des Weltkriegs aber gehen die Arbeiten nur langsam weiter. Immerhin kann 1917 der Güterverkehr und am 15. Dezember 1918 auch der Personenverkehr zwischen Ohlsdorf und Poppenbüttel aufgenommen werden, mit Benzoltriebwagen oder leichten Personenzügen der preußischen Staatsbahn. Für die knapp 17 Kilometer vom Hauptbahnhof bis Wellingsbüttel müssen die Fahrgäste in der 2. Klasse 70, in der 3. Klasse 45 Pfennig bezahlen. Bis Poppenbüttel kostete die 2. Klasse 5 Pfennig mehr.

So sah der Gutshof der Hennebergs um 1880 aus.

Es sollte noch einmal sechs Jahre dauern, bis am 12. März 1924 die inzwischen zweigleisige Strecke elektrifiziert war. An diesem Tag war auch die „Alsterthalbahn-Gesellschaft" unentgeltlich an die Reichsbahn übergegangen. Sie hätte sonst – wie schon zuvor die ehemalige Geldgeberin, die ATAG – liquidiert werden müssen.

Die Siedlerwerbung der ATAG vor dem Ersten Weltkrieg – „Schönste Gegend … Selten günstige Gelegenheit zum Canoe- und Reitsport … Für Vogelschutz ist Fürsorge getroffen …" – stieß in Poppenbüttel nicht auf die gleiche Resonanz wie in Sasel. Der Krieg und die Wirren in der Zeit nach 1918 ließen die Träume der Gutsherren endgültig platzen. Anfang 1922, knapp drei Jahre nach dem Tod des Initiators Wentzel, mußte die ATAG liquidiert werden. Mit den Folgen der Auflösung war Eduard Hennebergs Sohn Otto fast ein Leben lang beschäftigt. Ihm hängte die Stadt Hamburg 1970 als besondere Ehrung den Namen des Ortes, um den er sich so verdient gemacht hatte, an seinen Familiennamen: Otto Henneberg-Poppenbüttel.

Nach ersten Villenbauten an der Alten Landstraße ging erst in den späten zwanziger und in den dreißiger Jahren der Ausverkauf des Hennebergschen Grundbesitzes weiter: Es entstanden die Siedlungen Heimgarten und Eichenredder, und auch auf einstmals Hennebergschen Fluren, etwa an den heutigen Straßen Langenstücken oder Müssenkoppel, wurde nun heftig gebaut. Die Siedlergemeinschaften Heimgarten und Eichenredder führen bis heute ein reges Vereinsleben. Otto Henneberg sollte bis an sein Lebensende eine herausragende Rolle in der Kommunalpolitik spielen. 1946 gründete er den CDU-Ortsverband Alstertal und vertrat diese Partei auch jahrelang als führender Kopf in den kommunalen Gremien seiner engeren Heimat. Henneberg galt zeitlebens als nicht ganz einfacher, aber gradliniger Gentleman mit etwas autoritären Zügen. Der Marienpark mit dem Arboretum, dieser einzigartigen Sammlung seltener Bäume in Alsternähe, war sein Werk. Zuletzt, so erinnern sich Zeitgenossen, fand der knorrige Alte seine Freude wohl nur noch bei der Jägerei. Otto Henneberg-Poppenbüttel war nie verheiratet. Die letzte Ruhe fand er, der einen Adoptivsohn, Georg-Eduard Henneberg, hinterließ, im Dezember 1986 in seinem eigenen Park, an der Seite seines Pferdes. Der Gutshof Hohenbuchen mit seinem bis heute erhaltenen herrlichen Park konnte vor den Siedlungsbestrebungen der ATAG und ihrer Liquidationsgesellschaft gerettet werden. Das Herrenhaus aber, einst nördlich der Gesindegebäude gelegen, in denen heute ein Kindertagesheim der Arbeiterwohlfahrt untergebracht ist, wurde 1936 abgerissen. Im gleichen Jahr, kurz bevor Poppenbüttel an Hamburg fiel, stellte Stormarn den Park unter Landschaftsschutz. Nördlich davon bietet heute ein „Schulungszentrum für Naturgemäßen Land- und Gartenbau" frisches Gemüse, Heil- und Küchenkräuter sowie Praktikumsplätze für Landwirtschaftsstudenten an.

Mit dem Abriß des alten Herrenhauses war die Geschichte des Gutshofes unter den hohen Buchen zu Ende. Sie hatte im 17. Jahrhundert mit zwei Mühlen an der Mellingbek begonnen. Um 1765, etwa hundert Jahre nach ihrer ersten Erwähnung, übernahm ein tüchtiger Mann namens Hinrich Christian Olde die Mühlen und betätigte sich, wie es in der Chronik eines Alster-Jahrbuchs heißt, auch „als Industrieller in der Silber- und Kupferproduktion". Er soll auch einen kleinen Hafen an der Alster gebaut haben, um seine Produkte besser nach Hamburg verschiffen zu können. Dieser Olde war es, der vor 230 Jahren den Park im englischen Stil fast so angelegt hat, wie wir ihn heute kennen und lieben. Er pachtete auch die Altonaer Münze und verlegte sie nach Poppenbüttel, wo sie bis 1808 in Betrieb blieb.

Hinrich Christian Olde war alles andere als ein pfennigfuchserischer Pfeffersack. Auf seinem Hof, damals „das Ende der Welt" genannt, trafen sich Dichter wie Klopstock, Hagedorn und Matthias Claudius; die Hamburger Künstler Anton Waterloo und Ernst Harzen malten den Park. Nach Oldes Tod 1789 wurden die Hüttenanlagen von seinen Erben – er hatte keine Kinder gehabt – an das „Königlich-Altonaische Banco Comptoir" verkauft. Sechzig Jahre später erwarb Alexander Kähler die beiden Wassermühlen am „Ende der Welt", die eine unterhalb des Kupferteiches gelegen, der seinen Namen bis heute behalten hat. Dieser Kähler war es, der dem Besitz den Namen Hohenbuchen gab. 1896 kaufte Eduard Lippert das Anwesen, der wie Kähler ursprünglich ein Hamburger Großkaufmann war. Er baute den Kuhstall aus und verkaufte mit Erfolg „kontrollierte Kindermilch aus Hohenbuchen", ein seinerzeit renommiertes Markenprodukt. Neben der Milchwirtschaft war die Astronomie ein Hobby des hochangesehenen Landwirts. Auf sein Herrenhaus setzte er – für immerhin 300 000 Reichsmark, damals ein gewaltiges Vermögen – einen Turm mit einer Sternwarte. Das Gelände der oberen Kupfermühle wandelte Lippert in einen gutgehenden Fischzuchtbetrieb um: Im Teich vor der Mühle, die längst außer Betrieb war und 1929 abgerissen wurde, züchtete er Forellen, im Kupferteich wuchsen Karpfen auf. Auch Lippert war, wie Olde, ein kunstsinniger Mann. Zu seinen Konzerten im Park rollten die Kaleschen der Gutsbesitzer aus Poppenbüttel und dem übrigen Alstertal an, aber auch die Damen und Herren der Hamburger Gesellschaft kamen gern nach Hohenbuchen. Als 1914, zu Beginn des Ersten Weltkriegs, Franz Schröder das Gut übernahm, hatte sich Lippert schon seit drei Jahren zurückgezogen. Heute läßt nur noch der Park rund ums Kinderheim etwas vom Glanz früherer Zeiten am „Ende der Welt" ahnen.

Das Haus des Herrn Poppilo

Die geschriebene Geschichte des Dorfes Poppenbüttel, das längst ein Stadtteil geworden ist, beginnt 1336. Wie bei den anderen Bütteldörfern der Region deutet auch hier der Name auf eine sächsische Gründung hin, die ein paar Jahrhunderte vor der ersten urkundlichen Erwähnung stattgefunden hat. Funde aus der Bronze- und der Eisenzeit lassen vermuten, daß die Gegend sogar schon in vorgeschichtlicher Zeit besiedelt war. „Poppenbüttel" jedenfalls geht vermutlich auf einen Mann – womöglich einen Priester – namens Poppilo, vielleicht auch Poppo oder Pöppe zurück, der sich hier sein „botel", sein Haus, gebaut hat. 1336, als in Norddeutschland gerade die Pest wütete, verkaufte der Ritter (nach anderen Quellen der Knappe) Lambert Struz das Dorf des Poppilo an den hamburgischen Priester Siegfried Latekop (Latcop). Der Grund war Geldmangel. Die Struzens führten, wie die meisten Adligen jener Tage, ein aufwendiges Leben, eiferten wohl auch den neureichen Handelsherren in den Städten nach. In der Verkaufsurkunde hieß es u. a.:

Die Bauernstelle Ellerbrock am Poppenbütteler Dorfplatz wurde 1903 abgebrochen.

„Wir, Erich, durch Gottes Gnade Propst der Hamburgischen Kirche, bekennen und bezeugen öffentlich, daß in unserer und der unten erwähnten Zeugen Gegenwart der Knappe Lambert, genannt Struz, frei und aus eigener Entscheidung, wie auch unter

Frühling am Poppenbütteler Berg: Das Rapsfeld an der Grenze zu den ehemaligen Dreckmannschen Koppeln in Lemsahl-Mellingstedt steht in voller Blüte.

Die einstigen Gutsarbeiterhäuser im Norden der Poppenbüttler Hauptstraße erinnern an die großen Zeiten des Gutes Hohenbuchen.

Im abwechslungsreich gestalteten Neubaugebiet am Maike-Harder-Weg – westlich von der Poppenbütteler Hauptstraße – sind die in den achtziger Jahren angelegten Gärten längst zu einer Parklandschaft herangewachsen.

Alstertal-Einkaufszentrum: Die Fassade des schönsten Hamburger Shopping-Centers wurde der Backsteinarchitektur angepaßt, die, wie im übrigen Hamburg, auch im Alstertal vorherrscht.

Kunst vor Kommerz: Das Walroß und das Kind – diese Bronzeplastik des Künstlers Frijo Müller-Belecke aus Hemmoor an der Niederelbe ziert den Ausgang des Konsumtempels in Richtung Post und S-Bahn.

Für seine elegante Galerie-Architektur wurde das Alstertal-Einkaufszentrum von internationalen Gremien ausgezeichnet (gegenüberliegende Seite).

Thalia
BÜCHER
copy+
print
factory
Kaffee & süße Lebensart

Zustimmung seiner Freunde rechtmäßig und rechtsgültig verkauft und überlassen hat dem erlauchten Manne, dem Herren Siegfried, genannt Latcop, Priester in Hamburg, für 170 Mark Hamburger Pfennige, die ihm in barem Gelde bezahlt sind, alle seine Güter, welche er im Dorfe Poppenbüttel, im Lande Stormarn im Westen vom Alsterfluß gelegen, besaß, nämlich 7 Hufen, deren jede jährlich am Martinifeste 24 Schillinge Hamburger Pfennige in gutem Gelde bezahlt, ferner zwei ... Kätnerstellen ... dieses alles mit allem Zubehör und Zuwachs, bebauten und unbebauten Äckern, Hölzungen, Nutzung von Bau- und Brennholz, Baumfrüchten ... mit Wiesen und

Die Alsterfurt bei der Poppenbütteler Schleuse um 1800. An dieser Stelle überquert heute die Bäckerbrücke den Fluß.

Weiden, Gewässern und Wasserläufen, Grenzen und Abgrenzungen, auch mit allem Nutzen und aller Freiheit, erb- und eigentümlich für immer frei zu besitzen. Genannter Priester hat auch Vollmachten, Kolonisten (Hörige) ein- und abzusetzen und Pfänder zu nehmen, wenn ihm zum schuldigen Termin nicht bezahlt wird ... Gegeben zu Hamburg im Jahre des Herrn 1336, an dem Tage, der auf den der heiligen Apostel Simon und Judas folgt."

Gut zwanzig Jahre später, 1357, taucht Poppenbüttel ein zweites Mal in alten Urkunden auf: In diesem Jahr errichteten der Propst Werner und das hamburgische Domkapitel mit den von Siegfried Latekop dazu bestimmten Gütern eine Vikarie im Dom. Wer als Vikar einen Domherrn bei geistlichen Aufgaben vertrat, erhielt als Honorar die Erträge aus den Gütern.

In früheren Zeiten war die Alster oft Ursache von Streitigkeiten, bei denen es meist um die Nutzung der Strömung für die beiden Hamburger Stadtmühlen ging. Daher kaufte Hamburg den Fluß zu Beginn des 14. Jahrhunderts von den holsteinischen Grafen für den damals hohen Preis von 1050 Mark.

Schon bald betraute die Familie Struz das Hamburger Domkapitel auch mit der Gerichtsbarkeit im Dorfe Poppenbüttel, und in den nächsten Jahrhunderten bauten die geistlichen Herren aus Hamburg ihren Besitz an der mittleren Alster immer mehr aus. Um 1529 entsteht in Poppenbüttel die erste Schleuse. Die hamburgischen Domherren und die holsteinische Obrigkeit streiten sich häufig; natürlich geht es um Geld und Macht und um so vermeintlich geringfügige Dinge wie die Abgaben der Schleusenmeister, die auch Krüger, also Gastwirte, waren.

Im Dreißigjährigen Krieg, und noch einmal in der Franzosenzeit zu Beginn des 19. Jahrhunderts, teilt Poppenbüttel das Schicksal der meisten Alstertaler Dörfer: Fremde Soldaten, Kosaken und Dragoner aus Rußland, fallen ein und verwüsten die Höfe, 11 700 Reichstaler und 42 Pfennig lautet die Schadensbilanz um 1810. Aus Hamburg flüchten die Menschen aufs Land. Mehr oder weniger gern helfen die Poppenbütteler Bauern mit Quartier und Verpflegung.

1675 waren auch schon einmal dänische Truppen „zu Gast" in Poppenbüttel. Ganz unter die dänische Krone gerät das Dorf aber erst zu Beginn des 19. Jahrhunderts. Nachdem 1803 mit der Auflösung des Domkapitels Poppenbüttel Eigentum der Stadt Hamburg geworden war, tauschte die Stadt 1804 Alsterdorf gegen Poppenbüttel. „Jetzt sind wir dänisch", sagten die Poppenbütteler damals. Kurz davor hatte es Ärger mit den Herren aus dem Norden gegeben. Die Drostei Pinneberg hatte Anordnungen wegen angeblich unrechtmäßig gefällter Eichen erlassen. Die Holzvögte Ahrend und Ellerbrock weigerten sich, die Anordnungen entgegenzunehmen. Daraufhin setzte sie die Verwaltung in Pinneberg ab und ernannte einen anderen Vogt. Im Januar 1803 schickte die Drostei ein Kommando von 20 Husaren und 20 Jägern, die unter je einem Leutnant im Dorf einquartiert wurden. Die Eingesessenen wurden erneut aufgefordert, vor dem neuen Vogt, dem Gastwirt Becker, zu erscheinen. Als Jochim Ahrens, Hein Ellerbrock, Hinrich Ahrens und Jochim Langhein es unter Hinweis auf ihren Eid gegenüber dem Domkapitel ablehnten, zu erscheinen, wurden sie von einem Kommando Soldaten gewaltsam vorgeführt. Sie sollen aber stand-

Diesen Blick hatten die Hamburger Domherren um 1820 von ihrem Landhaus aus. Sie schauten auf die Bauernhäuser am Dorfplatz.

haft geblieben sein und sich geweigert haben, Anordnungen des Landdrosten entgegenzunehmen. Inzwischen hatte man das Domkapitel benachrichtigt, das bei König Christian VII. vorstellig wurde. Als die Soldaten beim Landdrosten neue Befehle einholen wollten, erfuhren sie, daß der König in Kopenhagen angeordnet hatte, alle Maßnahmen auszusetzen. Das Militärkommando rückte am 31. Januar 1803 etwas irritiert wieder ab aus Poppenbüttel.

Der heiße Kampf um Tegelsbarg

Bis weit in die zweite Hälfte des 19. Jahrhunderts schlummert Poppenbüttel in ländlicher Abgeschiedenheit vor sich hin. Die Silberschmelze und die Kupfermühle des Herrn Olde am „Ende der Welt" sowie seine Hamburger Künstlerfreunde auf Hohenbuchen werden von den Bauern kaum wahrgenommen. Erst vor hundert Jahren – mit den Hennebergs, mit der modernen Milchwirtschaft auf Hohenbuchen und schließlich, vor und nach dem Ersten Weltkrieg, mit der Aufsiedlung des Alstertals und dem Beginn des starken Ausflugsverkehrs – ändert sich das Bild radikal. Poppenbüttel wird zum Vorort und schließlich 1937, mit dem Groß-Hamburg-Gesetz, auch zum Hamburger Stadtteil. Aber erst ein Vierteljahrhundert nach dem Zweiten Weltkrieg verliert das Dorf die letzten Spuren seiner ins Mittelalter zurückreichenden ländlichen Vergangenheit. Ende der sechziger Jahre geht ein Aufschrei durch Poppenbüttel: Die Großsiedlung Tegelsbarg soll gebaut werden, Hochhäuser und Wohnblocks für 10 000 oder 15 000 Menschen, wie es zunächst heißt. Von einer Mustersiedlung reden die Politiker in Hamburg, sie versprechen üppige Grünanlagen, Treffpunkte für jung und alt, pädagogisch wertvolle Spielplätze. Aber die Poppenbütteler befürchten eine Steinwüste vor ihrer Tür, vor allem aber eine totale Veränderung ihrer gewachsenen sozialen Strukturen. Schließlich wird gebaut, aber zwei, drei Nummern kleiner als ursprünglich geplant, nicht so hoch, nicht so eng, nicht so groß: immerhin kommen 2000 Geschoßwohnungen und 300 Einfamilienhäuser auf die grüne Wiese. Das Mißtrauen gegen das als verordnet und aufgepfropft empfundene neue Viertel hält lange an. Die Alstertaler SPD, Motor des Tegelsbarg-Projekts, verliert bei der Bezirks- und Bürgerschaftswahl, die auf die heftige Auseinandersetzung folgt, in Poppenbüttel die Hälfte ihrer bisherigen Stimmen. Ruhiger verläuft die Diskussion, als 1977/78 zwischen Harksheider Straße und Ohlendieksredder – übrigens das älteste Siedlungsgebiet des urgeschichtlichen Poppenbüttel – die „Hamburg-Bau" entsteht. Aus dieser Ausstellung wuchs eine vorbildliche Siedlung modernen „verdichteten" Wohnens im Grünen: 221 Ausstellungshäuser und 335 weitere Häuser außerhalb der eigentlichen „Hamburg-Bau", alle mit interessanter, überaus abwechslungsreicher Architektur: schmale Wohnstraßen, nicht befahrbare Wohnwege, private Pfeifenstielzufahrten.

Eines von drei übriggebliebenen Plattenhäusern zwischen Alstertal-Einkaufszentrum und Alster. Es dient als Stätte der Erinnerung an das Leiden jüdischer Frauen, die diese Häuser im Krieg für ausgebombte Stadtflüchtlinge bauen mußten.

Hinterlassenschaft eines spleenigen Großgrundbesitzers: Albert C. Henneberg, einst Herr auf Marienhof, ließ 1884 diesen Burgturm in der Nähe der Alsterschleuse bauen (gegenüberliegende Seite).

Jogger, Hundehalter, Radler und Spaziergänger müssen sich den Alsterwanderweg teilen, der besonders im Poppenbütteler Bereich an schönen Wochenenden stark frequentiert ist.

Auch Wasserwanderer bevölkern den Alsterlauf, zu dem die aufgestauten Teiche in der Nähe der Schleuse gehören.

Idylle am Sonntagmorgen: Kanuten, Paddler, Tretbootfahrer und Kajaksportler begegnen sich in Höhe der Bäckerbrücke.

Radtouren auf dem Wanderweg an der Alster sind ein beliebtes Freizeitvergnügen (links).

Die „Poppenbütteler Schleuse“ im wiederaufgebauten Schleusenhaus ist eine von mehreren Einkehrmöglichkeiten am Alsterwanderweg.

Die meisten Straßennamen im neuen Viertel knüpfen an die große Vergangenheit dieses Gebietes an. So erinnert der Gödersenweg an den Domdekan Dr. Gödersen, der 1637 in das Domkapitel eintrat und es bis zu seinem Tode 1677 viele Jahre leitete. Der Lambert-Strus-Weg erinnert an den Ritter oder Knappen, der Poppenbüttel an den Priester Siegfried Latekop verkauft hat, und der Garleff-Bindt-Weg wurde nach einem Bauernvogt benannt, der im Mai 1683 erschlagen worden ist. Ohlendiek und Ohlendiekskamp sind alte niederdeutsche Flurnamen, und nur Carsten Meyn, nach dem ein weiterer Weg benannt wurde, hat mit Poppenbüttel wenig zu tun; er war ein Hamburger Landschaftsmaler des 19. Jahrhunderts.

In den siebziger Jahren entstanden auch die Neubauviertel südwestlich der Harksheider Straße, das bedeutete: neue Nachbarschaften am Schulbergredder, am Rehmbrooksweg und Auf der Koppel. Noch später, in den Achtzigern, wuchsen zwischen Kritenbarg und Grotenbleken hohe, freundlich wirkende Häuser in hellem Klinker und ansprechender Architektur hoch. Und Poppenbüttel wird noch großstädtischer. Jüngstes Beispiel: der Verwaltungsbau der ECE am Saseler Damm. Dieses Unternehmen der Otto-Gruppe betreibt neben 38 anderen Shopping-Centern auch das Alstertal-Einkaufszentrum.

Wer nach den Spuren der jüngeren und bitteren Geschichte Poppenbüttels suchen will, muß nur einmal um diesen Konsumkoloß herumgehen. Dort, fast versteckt im Schatten des Giganten, erinnert ein kleines graues Haus an „Plattenbüttel". Zum Gedenken an das KZ in Sasel und an die Siedlung, die verschleppte Jüdinnen aus Polen für ausgebombte Hamburger unter erbärmlichen Bedingungen bauen mußten, haben das Museum für Hamburgische Geschichte und die Alstertaler Gruppe der Vereinigung der Verfolgten des Naziregimes (VVN) dort in einem der drei übriggebliebenen Plattenhäuser eine Gedenkstätte eingerichtet. Eine Ausstellung informiert über das Lager zwischen Hohensasel und Saseler Mühlenweg, die Nachbildung einer Behelfswohnung aus dem Jahre 1944 zeigt die damalige Wohnsituation.

Elfriede Krause, die heute als 83jährige am Müssenredder wohnt, ist, wie sie es nennt, „alte Plattenbüttelerin". Sie kam im August 1944 ins Alstertal, nachdem ihre Wohnung an der Kaiser-Wilhelm-Straße zerstört worden war. Es floß am Fenchelstieg 4 – das war bis zum Bau des AEZ ihre Adresse – nur kaltes Wasser aus dem Hahn, man behalf sich mit Eimern statt Toiletten, einem Kohleherd und am Anfang mit Matratzen, da es keine Bettstellen gab. Aber im Garten – immerhin 300 Quadratmeter groß – konnten sich die ausgebombten Siedler Kartoffeln, Kohl und Karotten anbauen. Und sowieso waren die einfachen Bedingungen der „Plattenbütteler" nicht zu vergleichen mit dem Schicksal derer, die diese Häuser bauen mußten. Gelegentlich forderte Elfriede Krause bei den SS-Wachen Helferinnen zum Ausbau ihres Gartenschuppens an. Dabei schaffte sie es manchmal, den jüdischen Frauen Waschgelegenheit zu geben, sie steckte ihnen Brot zu und versuchte, wenigstens für eine Stunde das Leid der geschundenen Frauen aus dem Ghetto von Lodz zu lindern. Nach dem Krieg übernahm das britische Militär, später die SAGA die Leitung der Behelfshäuser. Nie konnten sie zeitgemäß ausgebaut werden, weil jahrzehntelang der Abriß und die Neugestaltung diskutiert wurden. Um 1960 war sogar einmal die Rede von einer Trabantenstadt für 100 000 Einwohner. Daran gemessen empfanden später auch die zahlreichen Gegner des Alstertal-Einkaufszentrums die neue Lösung noch als harmlos.

Nicht nur die Gedenkstätte, auch vier Straßennamen westlich des S- und Bus-Bahnhofs erinnern an die Schreckensherrschaft – und an den Widerstand weniger Männer und Frauen aus dem Bezirk Wandsbek: an den Gewerkschaftler Wilhelm Bauche, an den jüdischen Sozialisten (und Filmkaufmann der Nachkriegszeit) Walter Koppel, an den Kommunisten Karl Lippert, der 1940 an den Folgen seiner KZ-Haft gestorben ist, und an Käte und Richard Tennigkeit, die 1944 als Widerstandskämpfer in den Lagern Fuhlsbüttel und Neuengamme zu Tode schikaniert worden sind.

Die freien Felder neben „Plattenbüttel" sind längst bebaut, die alten Dorftreffs existieren nicht mehr, zu Tausenden sind neue Familien nach Poppenbüttel gezogen. Da war es nur konsequent, daß neue Zentren, neue Treffpunkte und neue Traditionen entstanden. Seit über zwanzig Jahren kommen ältere Alstertaler zum Tanzen in die Seniorendiskothek, neuerdings in die nachgebaute Langhein-Kate am Schulbergredder. Sie steht auf den Fundamenten der einstigen Schulkate,

Seit gut 25 Jahren ein Treffpunkt vieler Eisfreunde: „Lenchens“ Eisdiele, heute von Dagmar und Hans-Peter Carstensen geführt, bietet ständig 18 Eissorten an, wechselt aber oft das Sortiment.

die 1972 abgerissen wurde. Die Langheins sind eine weitverzweigte, seit Jahrhunderten im Alstertal ansässige Familie. Heute ist das nach ihr benannte Fachwerkhaus – es erinnert an das einstmals älteste Poppenbütteler Haus, von dem Teile in den Neubau gerettet werden konnten – auch das Domizil des Alstertaler Roten Kreuzes.

Gerade ihren 40. Geburtstag hat 1996 die Marktkirche gefeiert. Von 1248 bis 1956 mußten die Poppenbütteler nach Bergstedt zum Gottesdienst gehen. Die meisten älteren Einwohner sind dort noch getauft, konfirmiert oder getraut worden. Sie erinnern sich auch noch, wie es war, wenn der Leichenwagen vom alten Dorfkern über die Hennebergschen und Hohenbuchener Ländereien nach Treudelberg und weiter durchs Alstertal, vorbei an der Alten Mühle nach Bergstedt fuhr.

Etwas älter als die Kirche ist die renommierte Kantorei. Ihren Ruf hat Dieter Schmeel gefestigt, der von 1961 bis 1988 die Kirchenmusik weit über Poppenbüttel hinaus zu Ansehen brachte. Seine Tradition, zu der in jedem Spätsommer die beliebten Alsterwanderweg-Konzerte gehören, setzt Michael Kriener-Nauck fort. Zum lebhaften Gemeindeleben – neben der großen Kirche am Poppenbütteler Markt gehören das Gotteshaus von Simon Petrus an der Harksheider Straße und das Gemeindezentrum Philemon in Tegelsbarg dazu – tragen vier Chöre und 27 sogenannte Hauskreise bei. In ihnen treffen sich jeweils acht bis zehn Poppenbütteler, um zu beten und Bibeltexte zu diskutieren. In St. Bernard an der Ecke Langenstücken/Saseler Damm treffen sich seit über vierzig Jahren die inzwischen 4200 katholischen Christen des Alstertals.

Zum langsam wachsenden Gemeinschaftsgefühl der Alstertaler „Hauptstädter“ tragen auch die Veranstaltungen, Ausflüge und Klönnachmittage der 300 Mitglieder des Bürgervereins Sasel-Poppenbüttel bei. Er entstand 1955 bei Hein ten Hoff im Restaurant „Saselbek“ aus einer Bürgerinitiative, die Alfred Gottlieb ins Leben gerufen hatte.

Noch abwechslungsreicher sind die Aktivitäten der Henneberg-Bühne. Als die Ohnsorg-Schauspielerin Ruth Redetzki im Herbst 1981 den Anstoß zu diesem niederdeutschen Theater gab, ahnte sie wohl nicht, daß sich die kleine Laienspielschar – finanziell unterstützt von Otto Henneberg-Poppenbüttel – zu einer der erfolgreichsten Amateurbühnen Hamburgs auswachsen würde. In den ersten Jahren lockten sommerliche Aufführungen die Zuschauer auf den Hennebergschen Marienhof und nach Hohenbuchen. Heute sind die 320 Plätze im großen Saal des Heiligen-Geist-Hospitals regelmäßig besetzt. Zur Henneberg-Bühne gehören außer den Schauspielern auch Volksmusik- und Tanzgruppen sowie ein 50köpfiger Shantychor – insgesamt 150 Alstertaler, die fröhliche Stadtteilkultur praktizieren.

D 4507

Lemsahl-Mellingstedt

Es ist nicht das kleinste, wohl aber das ruhigste und ursprünglichste Dorf am Oberlauf der Alster. Zwar sind auch hier nur noch wenige Bauern wie Clas Henning Pieper (auf dem Traktor beim Heumachen, unterstützt von seinem Vater, dem weit über Lemsahl hinaus bekannten Gastwirt Kalle Pieper) auf dem Acker tätig, aber die ländlichen Strukturen haben sich im Ortskern recht gut erhalten, besser jedenfalls als anderswo im Alstertal oder in den Walddörfern.

Ein halbes Schwein auf einen Pott

Sonnabendnachmittag, der erste im Dezember. Der große Saal im Gasthaus „Offen“ ist wieder mal bis auf den letzten Platz besetzt, mindestens 250 Leute sind gekommen. Berge von Sauerfleisch wackeln auf den Tellern, die unaufhörlich von der Küche an die Tische geschleppt werden. Biergläser knallen zusammen, hier fehlt noch ein Kurzer, da ein Jubi. Und dann wuchtet Schlachter Grimm aus Bergstedt mit zwei Gesellen die Schweinehälften ans Kopfende des Saals, zehn insgesamt, jede mindestens 60 Kilo schwer. Dort werden sie an Haken gehängt, flankiert von

„Gastwirtschaft, Garten und Kegelbahn“ hießen vor neunzig Jahren die Attraktionen bei „Offen“. Bis heute ist der Gasthof der Traditionstreff in Lemsahl.

Schinken, Kasselerkarbonaden und gewaltigen Mettwürsten. Dies ist die Dekoration und zugleich das Gewinnarsenal fürs Schweinelotto – Höhepunkt im Lemsahler Fest- und Kneipenkalender. Nirgendwo sonst im Alstertal oder in den Walddörfern, vielleicht sogar nirgendwo im übrigen Hamburg, geht es so deftig zu wie bei Kalle Pieper, dem Wirt vom Gasthaus „Offen“, wenn er zur Schlachtplatte einlädt, mit Tschingdarassabumm, oder wenn, wie heute abend, der Heimatbund Lemsahl-Mellingstedt zum traditionsreichen Schweinelotto ruft. Von Bergedorf und von Quickborn, aus dem Stormarnschen und aus allen Ecken des Alstertals kommen die Leute, und natürlich drängt sich halb Lemsahl an den Tischen, klönt, lacht und wartet auf Herbert Pawlak aus Duvenstedt. Der ist der Moderator, der zieht die Nummern, ruft sie auf wie beim Bingo und verteilt die Gewinne mit lockeren Sprüchen. Volker Stockstrom und andere Heimatbündler haben unterdessen die Spielkarten an die Leute gebracht, jeweils drei Zahlenreihen mit neun Feldern. Wenn fünf Zahlen in einer Reihe aufgerufen und auch abgedeckt sind, heißt es – nein, nicht Bingo, sondern „Pott“. Nach fünf Minuten hat eine Dame vom Nachbartisch, die gerade einen großen Salat bestellt hat, weil sie Vegetarierin ist, den ersten Pott voll – und das heißt: das erste halbe Schwein gewonnen. Jubel am Tisch, eine neue Runde Bier, und Meister Grimm zerteilt die Sau in handliche Portionen.

Von Zeit zu Zeit, in den Pausen, geht der Wirt Karl-Heinz Pieper, genannt Kalle, von Tisch zu Tisch, fragt, ob alles recht so ist, hier ein Schnack und da ein Witz. Um diesen Dorfmittelpunkt, einen Gasthof, den es seit weit über hundert Jahren gibt – Kruggerechtsame hieß früher einmal die Schanklizenz –, und um diesen Gastwirt von altem Schrot und Korn beneiden die anderen Orte an der Alster das Doppeldorf Lemsahl-Mellingstedt. Natürlich gibt es manchmal Parkprobleme, wenn bei Kalle Preisskat auf dem Programm steht und gleichzeitig in den hinteren Räumen gefeiert wird. Natürlich hat auch Lemsahl seine Verkehrsprobleme und seine Sorgen um die Schulwegsicherung, und es gibt Neubaugebiete, die manchen zu schnell gewachsen sind. Nicht selten wird vorne in Piepers guter Gaststube einen ganzen Abend lang darüber schwadroniert, ob es „irgendwann auch bei uns losgeht mit der Verstädterung“. Eben ist man ja noch durch Duvenstedt, Poppenbüttel oder Hummelsbüttel gekommen, abschreckende Beispiele, wo immer neue Siedlungen und Ampeln aus dem Acker wachsen. Aber noch sind in Lemsahl sozusagen Kirche und Kneipe im Dorf geblieben. In der Ortsmitte schauen die Giebel der alten Häuser fast wie in einem Rundlingsdorf auf die Mitte des Platzes. Dort schmückt vor Weihnachten die Feuerwehr mit Hilfe der kleinsten Lemsahler und Mellingstedter die große Dorftanne. Unter den Bäumen am Straßendreieck – gegenüber der Abzweigung Am Kohlhof – pflegt der Heimatbund den Schleswig-Holstein-Findling. Unter einer mächtigen Eiche erinnert er mit dem eingravierten Datum „24.3.1848“ an die Schlacht bei Itzstedt, wo die Dänen entscheidend geschlagen wurden, und mit „up ewig ungedeelt“ an das Versprechen von Schleswig und Holstein, der Gefahr aus dem Norden – ja, so wurden die netten Dänen damals gesehen – künftig gemeinsam zu begegnen. Nördlich dieses Gedenksteins, auf einer freien Gemeindewiese, feiern die Lemsahl-Mellingstedter seit eh und je ihre Dorffeste.

Noch hoppeln, am Eichelhäherkamp und am Lemsahler Bargweg zum Beispiel, die Autos langsam übers Kopfsteinpflaster, und es ist gerade dreißig Jahre her, daß Straßen wie der Ödenweg im Sommer staubige Sandwege waren. Im Winter hat sich Kalle Pieper, damals auch noch Paketfahrer bei der Deutschen Bundespost, oft genug auf dieser und anderen Schlammstraßen festgefahren. Einer der Bauern, die es seinerzeit noch in großer Zahl gab, mußte ihn dann mit dem Trecker aus dem Dreck ziehen. Gar so hinterwäldlerisch geht es heute natürlich nicht mehr zu im lieben alten Lemsahl-Mellingstedt. Immerhin ist aus dem Dorf längst auch ein feiner Villenvorort mit Golfplatz und angeschlossenem Fünf-Sterne-Hotel geworden. Aber anders als manche Nachbarorte ist Lemsahl weitgehend überschaubar geblieben, ländlich und gemütlich.

Bratkartoffeln von legendärem Ruf

Erzählen wir noch ein bißchen von Kalle und seiner Kneipe, von seinen Bratkartoffeln, die das Gasthaus „Offen" womöglich bis nach Amerika bekannt gemacht haben, und von den alten Zeiten, als Karl-Heinz noch mit dem Hanomag die Pakete in Lemsahl, Bergstedt und Poppenbüttel verteilt hat. 25 Jahre lang, von 1962 bis 1987, hat Pieper die Nachbarschaft mit Paketpost versorgt. Morgens vor dem Dienst hat er rasch das Vieh gefüttert, dann ist er, sommers wie winters, auf Tour gezogen, und Abend für Abend hat er bei „Offen" hinterm Tresen gestanden und Bier gezapft: „Schenk ein, Karl-Heinz, mach Striche." So ist er sogar auf einen Buchtitel gekommen, den Hannes Flesner, Stadtteilschreiber im Jahre 1980, geschrieben hat. 1967 hat Karl-Heinz Pieper Asta Offen geheiratet. Ihre Familie stellte jahrhundertelang den Bauernvogt, eine Art Bürgermeister. Zuletzt, vor gut hundert Jahren, als Lemsahl-Mellingstedt noch zum Amt Tangstedt gehörte, war das Johann Hinrich Offen. Die Familie tummelt sich schon seit 1630 in diesem Dorf. In ihrem Wirtshaus haben die dänischen Offiziere während der Besetzung vor fast 150 Jahren ihr Hauptquartier aufgeschlagen, hier haben durch die Zeiten Bauern und Bürger gefeiert, gelacht und geweint, wenn nach einer Beerdigung, damals noch in Bergstedt, die Trauergäste zum Leichenschmaus eingekehrt sind. Das alles ist so geblieben, auch die Qualität der Bratkartoffeln, die nach wie vor in der Pfanne serviert werden und deren Ruf längst zur Legende geworden ist.

Noch viel mehr Einkehrmöglichkeiten hat das Dorf zu bieten, mehr als jeder andere Ort im Alstertal. Da sind der gutbürgerliche „Tannenhof" und der urige „Peperkroog" unterm Reetdach an der Lemsahler Landstraße, da trifft sich neuerdings jung und alt auch gern in „Krögers Gasthaus", wo es modisch-ländlich zugeht, und die Jugend hat ihren Platz im „Mellinghus" an der Grenze zu Poppenbüttel, wo die Dänen im vorigen Jahrhundert eine Zollstation eingerichtet hatten. Vom „Hotel Treudelberg" muß natürlich später noch ausführlich die Rede sein, denn das hat seinen Namen ja vom Gutshof Treudelberg, der den Ortsteil Mellingstedt über lange Zeit geprägt hat. Und eigentlich gehört die ehemalige „Alsterschlucht", über die wir auf den Poppenbütteler Seiten erzählt haben, auch in dieses Kapitel, denn das große gelbe Haus an der Alsterschleife, heute ein Aussiedlerheim, war vor über neunzig Jahren ein Treffpunkt von Künstlern, Naturliebhabern und Honoratioren aus dem gesamten Alstertal. Es liegt eben hinter der Poppenbütteler Grenze, schon auf Lemsahl-Mellingstedter Gebiet. Von Arthur Illies, dem großen Alstertaler Maler an der Wende zum 20. Jahrhundert, müssen wir in diesem Zusammenhang noch sprechen. Erst einmal wollen wir aber einen Blick in Lemsahl-Mellingstedts Vergangenheit werfen. Es ist die Geschichte eines stillen Doppeldorfes am Rande des Gesche-

Erst vor kurzem wieder mit frischem Reet gedeckt: die Gaststätte „Peperkroog" an der Lemsahler Landstraße.

Der Eichelhäherkamp, eingerahmt von Raps und Bienenfreund-Feldern, verbindet das alte Dorfzentrum im Osten mit den Neubauvierteln im Westen der Lemsahler Landstraße.

Dieses schöne Haus an der Poppenbütteler Hauptstraße, 1910 von Georg Mohr erbaut, wird von einer Enkelin des Alstertaler Heimatdichters Ludwig Frahm bewohnt (oben).
Im nachgebauten Fachwerkhaus an der Poppenbütteler Hauptstraße, kurz vor der Grenze zu Poppenbüttel, hat sich das Restaurant „Dante" zu einem Traditionstreffpunkt für anspruchsvolle Liebhaber italienischer Küche entwickelt.

hens. Nie hat es hier den Sitz einer adligen Herrschaft gegeben, kein Schloß, keinen Markt, nie eine Sehenswürdigkeit, welche die Hamburger oder die anderen Alstertaler in Scharen angelockt hätte. Jahrhundertelang, bis vor ein paar Jahren, haben sich die Lemsahl-Mellingstedter mit dem ruhigen Leben im Schatten der größeren Nachbarn bestens abgefunden, bis sie sich dann doch irgendwann etwas verloren vorkamen. Sie wollten nicht ganz ins Abseits geraten, gründeten einen Heimatbund, trommelten den Kommunalpolitikern etwas in die Ohren und ... ach, wir haben schon wieder der Geschichte vorgegriffen.

Fangen wir also mit dem 8. September 1271 an. An diesem Tag werden Lemsahl und Mellingstedt zum ersten Mal aktenkundig: Erzbischof Hildebold von Bremen bestätigt den Besitz des Hamburger Domkapitels an den Dörfern. Zum kirchlichen Eigentum gehören in Mellingstedt zwei Hufen und in Lemsahl eine Hufe. Eine Hufe – das waren etwa siebeneinhalb Hektar. Dazu kam das Recht auf die Mitbenutzung der allgemeinen Weidefläche, der Allmende. Diese Weide befand sich jahrhundertelang – bis zum Beginn des 19. Jahrhunderts – auf dem Gelände des heutigen Golfplatzes und früheren Gutshofes Treudelberg. Der Straßenname Kuhredder erinnert daran. Über diesen Weg wurden die Kühe aus Lemsahl und vor allem aus Mellingstedt auf die Allmende getrieben. Später nutzten die Lemsahl-Mellingstedter Bauern ihr Weiderecht auf der Allmende im Duvenstedter Brook.

Der Landbesitz in Lemsahl und Mellingstedt diente dem Domkapitel in Hamburg zur Honorierung einer Vikarie am Hamburger Dom. Das bedeutete: Wer dieses Amt innehatte, konnte die Pachterträge der drei Hufen aus Lemsahl und Mellingstedt kassieren. Das waren zusammen zwölf Scheffel Roggen (ungefähr 400 Kilogramm) und 36 Schillinge; soviel kosteten damals zwei Kühe.

Schon vier Jahre nach der ersten Erwähnung verkauften die Brüder Heinrich und Meinrich von Heynbroke, Ritter aus dem Bremischen, umfangreiche Güter an das Kloster Harvestehude. So kamen weitere dreieinhalb Hufen aus Lemsahl und eine Hufe aus Mellingstedt an die Kirche nach Hamburg. Fast fünfzig Jahre später, 1314, teilten die Grafen von Holstein-Schauenburg und von Holstein-Stormarn die Grafschaft Holstein auf. Dabei fielen die Dörfer Lemsahl, Mellingstedt und Duvenstedt an Adolf VI. von Holstein-Schauenburg.

Lemsahl und Mellingstedt waren vor über 600 Jahren sehr klein, sehr unbedeutend, wohl eher ärmlich und noch längst nicht zusammengewachsen. Der Name Lemsahl, früher auch oft Lehmsal geschrieben, weist auf ein lehmiges, schlammiges Wasserloch (*sal* oder *sol*) hin, vermutlich eine Viehtränke. Und Mellingstedt hat seinen Namen wohl schon in der Sachsenzeit erhalten. Funde auf Äckern und in Hügelgräbern deuten auf eine Besiedlung schon mindestens tausend Jahre vor der ersten urkundlichen Erwähnung hin. Der Ursprung des Namens liegt freilich im dunkeln. Womöglich hat damals ein Sachsenhäuptling namens Madling die *Madlingstätte* gegründet, aus der später Mellingstedt entstanden ist. Über diese Vorzeit haben sich ebenfalls nur Vermutungen erhalten. Sicher ist: Die beiden Dörfer, obwohl mit jeweils einem Mittelpunkt, wachsen – vermutlich schon im 16. oder 17. Jahrhundert – zusammen und teilen vom späten Mittelalter bis heute Herren und Geschichte. Beide Dörfer wurden nach den Schauenburgern von Gut Tremsbüttel verwaltet, das 1475 an den Herzog von Lauenburg verkauft wurde. Knapp hundert Jahre danach, 1571, müssen die Bauern von Lemsahl und Mellingstedt dem Herzog von Holstein-Gottorf – genauer: seinem Gut Tangstedt – Hand- und Spanndienste leisten. Gegen Ende des 17. Jahrhunderts erwirbt ein Ritter von Hedemann das sogenannte Vorwerk Tangstedt und wird somit neuer Herr von Lemsahl-Mellingstedt, das nun schon als Doppelname, als *ein* Dorf also, in den Annalen von Stormarn auftaucht.

Als die Preußen 1866 das Amt Tangstedt im Kreise Stormarn gründeten, wohnten in Lemsahl fünf Vollhufner, zwei Halbhufner und sieben sogenannte Anbauern, so nannte man damals die Besitzer kleinster Landwirtschaften. Mellingstedt verzeichnete zu Beginn dieser neuen Ära überhaupt nur sieben Anbauern. Klein und kaum bekannt war das Doppeldorf auch noch 1937, als seine 750 Einwohner mit dem Groß-Hamburg-Gesetz plötzlich Hanseaten geworden waren. Immerhin kannte man Lemsahl-Mellingstedt in Künstlerkreisen, haben hier doch vor gut hundert Jahren Gustav Schiefler, Verfasser der bis heute wertvollen „Hamburgischen Kulturgeschichte 1890–1920“, und der Maler

Arthur Illies eine Zeitlang gewohnt. Liebevoll und kritisch beobachtete der Neu-Mellingstedter Gustav Schiefler (1857–1935) das kulturelle Leben Hamburgs, besonders jene Maler, die sich – wie Arthur Illies (1870–1925) und Ernst Eitner (1867–1955) – mit dem Alstertal aufs engste künstlerisch verbunden fühlten. Auf Eitner sind wir im Hummelsbüttel-Kapitel schon eingegangen. Über Arthur Illies, den Schiefler für den Begabtesten unter allen Künstlerklub-Mitgliedern hielt, und seine Liebe zu Lemsahl-Mellingstedt berichtet der Kunsthistoriker in seiner dicken Kulturgeschichte. Der Maler kaufte ein Grundstück an der Alstertalschleife, auf dem er sich ein Haus baute: „Der Garten, ein weiträumiger, sich zur Alster hinabsenkender Abhang, war zum Teil mit Gehölz bestanden und in den Sommermonaten von dem süßen Duft des in den Büschen wuchernden Jelängerjeliebers erfüllt. 1900 zog das junge Paar in das fertiggestellte Nest ein ... es war der Höhepunkt in Illies' Leben, auch seines künstlerischen Schaffens."

Das Glück des Malers hielt nur ein Jahr lang. Seine junge Frau starb nach der Geburt einer Tochter; es sollte lange dauern, bis 1920, daß Arthur Illies wieder nach Lemsahl-Mellingstedt und an die obere Alster kam, um zu malen oder auf einer ihm gehörenden Presse zu drucken.

Leberwurst und frische Eier direkt vom Bauernhof

Zwar suchten auch zwei, drei Generationen später immer wieder Schauspieler (zum Beispiel der früh verstorbene Kay Sabban), Politiker (wie Volker Lange, mehrfacher Hamburger Exsenator) und andere Prominente im idyllischen Doppeldorf Ruhe und Abgeschiedenheit vom Lärm der Millionenstadt, aber Lemsahl-Mellingstedt erreichte nie das Flair eines illustren Vorortes wie etwa Wellingsbüttel. Es blieb über Jahrzehnte das Bauerndorf, von dem selbst geborene Hamburger kaum gehört hatten. Noch bis weit in die Nachkriegszeit hinein bewirtschaftete ein gutes Dutzend fleißiger Landwirte die Felder zwischen dem Gutshof Treudelberg und dem Alsterwanderweg einerseits, zwischen Ödenweg und Trilluper Weg nach Norden und bis hin zum Wittmoor nach Nordwesten andererseits. Da waren neben dem Gutsbesitzer Dreckmann auf Treudelberg die Bauern Reiche am Peperkroog, Bunte am Kielbarg, Kramp am Redderbarg, Karl Kracht und Gustav Fick am Dorfplatz, Ernst Fick gegenüber der heutigen Tischlerei Gollup, natürlich Offen (Asta Piepers Eltern und Großeltern), Behn und (zweimal) Ehrich sowie der Hof von Behrmann. Übriggeblieben ist freilich nicht einmal eine Handvoll Landwirte. Nur Joachim Sprotte baut noch auf 28 Hektar Futtergetreide und vor allem Kartoffeln an, und seine hochbetagte, aber quietschfidele Mutter verkauft Eier und, vor Weihnachten, selbstgemachte, gut gewürzte Leberwurst vom Hof direkt in die Einkaufstaschen der Lemsahler Stammkunden. Neben Sprotte und

Noch bis weit in die Nachkriegszeit hinein ein vertrautes Bild: Landwirt Richard Behn pflügt mit seinem Ochsengespann.

Jens Evers, genannt „Bauer", ackern noch nach alter Väter Sitte der junge Clas Henning Pieper am Gasthof seiner Eltern (mit 17 Rindern) und, fast schon im Ruhestand, Horst Kramp, oberhalb des Horstbek-Tals. Wie die Offens gehören die Kramps seit 350 Jahren zum Lemsahler Dorfadel. Großvater Wilhelm Kramp war in den zwanziger Jahren, zu stormarnschen Zeiten, Bürgermeister von Lemsahl-Mellingstedt. Ihm ist der Schulbau am Redderbarg zu verdanken. Der große Acker zwischen der Schule und dem alten holsteinischen Knick am Ödenweg wird übrigens von einem Duvenstedter, Karl „Kuddl" Schilling, in Schuß gehalten. Er hat das Land von Helga Soltwedel gepachtet, Tochter des Bauern Bunte aus dem Ortsteil Mellingstedt.

Horst Kramp schwärmt vom lehmigen Boden, der dem Dorf zum Namen verholfen hat: Es sei schwere, gute Erde, sagt der Landmann, der gerade dabei ist, sich aufs Altenteil zurückzuziehen. Noch aber baut er Getreide an und freut sich über die Leihpfer-

Schlichte Sehenswürdigkeiten auf einer Postkarte aus Lemsahl-Mellingstedt: die Post, ein Kinderheim, der Dorfplatz und die schöne Alsterlandschaft.

de, die auf seiner Koppel „Op de Horst" stehen, einer romantischen Talsenke, durch die das Bächlein Horstbek fließt.

Der Feuerlöschteich am Redderbarg soll die Grenze zwischen den Dörfern Lemsahl und Mellingstedt markieren. So ungefähr geht es aus alten Flurkarten hervor. Der Mittelpunkt von Lemsahl ist nach wie vor als solcher gut erkennbar. Von der Mellingstedter Dorfmitte – in alten Zeiten wohl an der heutigen Kreuzung Redderbarg, Kielbarg, Lemsahler Bargweg und Ödenweg gelegen – ist hingegen so gut wie nichts geblieben. Das Dreiständerhaus im Niedersachsenstil, um 1850 an der Einmündung des Ödenwegs in den Lemsahler Bargweg gebaut, war einst Tenne und Altenteilerhaus. Hier wurde Willy Offen geboren, Bruder des gefallenen Bäckers Walter Offen, beide aus dem Clan, der so lange schon das Dorfleben mit prägt.

Jahrzehntelang hat Else Sander in diesem Fachwerkhaus gewohnt, eine alte Lemsahl-Mellingstedterin. Sie nennt, wie alle Einheimischen, immer den Doppelnamen. Es gab und gibt, so sagt auch sie, keinen Gegensatz zwischen den Dorfhälften. Weder ist die eine Seite „vornehmer" als die andere, noch läßt sich für eine der Hälften etwas Herausragendes benennen. Idyllische Entdeckungen lassen sich in Lemsahl wie in Mellingstedt machen, und die meisten Dörfler – vor allem die Neubürger am Treudelberg, am Fiersbarg, Bilenbarg oder am Tannenhof – wissen wohl kaum, wo die Grenze verläuft.

Else Sander ist 1928 in die Lemsahler Schule eingetreten. Damals lernte sie bei Ernst Lohse das kleine Einmaleins. Zu der Zeit wurden noch acht Stufen in einer Klasse unterrichtet. Etwas später, als Lehrer Rathje dazugekommen war, wurden die etwa 50 schulpflichtigen Dorfkinder auf zwei Klassen verteilt. Über weite Teile des südlichen Ortsgebietes zwischen Kuhredder und Ödenweg erstreckten sich damals – und das galt bis vor etwa dreißig Jahren – große Apfelplantagen.

Auch an der Ecke Kuhredder, Lemsahler Bargweg und Huuskuppel, einer stillen, feinen Wohngegend oberhalb des Alsterlaufs, erinnert ein großes Haus an ein längst vergangenes Stück Dorfgeschichte. Manchen Spaziergängern mag schon mal die verblaßte Inschrift „Gasthaus" am Giebel des alten Backsteinhofes aufgefallen sein. Das Haus ist 150 Jahre alt, es wurde 1906 von einem Eierhändler namens Eduard Wendt gekauft, aber schon bald an den Bauern Timmermann, später an den Kleinlandwirt Witt verpachtet. Dieser und bald darauf der Gastwirt Sievert unterhielten in den zwanziger und dreißiger Jahren für kurze Zeit eine kleine Kneipe in dem mächtigen Bauernhaus, eine Stube nur, in der sich vor allem die Bootsausflügler wohl fühlten, die von der Mellingburger Schleuse noch ein Stück alsteraufwärts gepaddelt waren.

Wie jedes Alster-Dorf hatte auch Lemsahl-Mellingstedt seine ortstypischen Handwerker, den Hufschmied Hugo Dalldorf (aus dessen Werkstatt später der Kfz-Betrieb und die Tankstelle von Ingo Dalldorf am Trillup entstanden), die Schlosserei von Otto Zürke am Treudelberg (heute Automechaniker Uwe Witt), die Bäckerei Offen, die nach wie vor ein paar Meter neben dem Gasthaus gleichen Namens die besten Brötchen weit und breit verkauft, die Tischlerei Brahmfeld (heute Gollub), den Zimmermann Kruse und, vor dem Kriege, den Schuster Glissmann.

Noch in den dreißiger und frühen vierziger Jahren herrschte Brueghelsche Dorfidylle in Lemsahl-Mellingstedt. Die Kinder badeten zusammen mit den Kühen in der Alster. Auf den Wiesen am Fluß zelteten naturliebende Hamburger, und wenn Dans op de Deel war, wurden bei Offen die Bohlen ausgelegt. Erst mit den Feuerstürmen über Hamburg im Kriegssommer 1943, als es Asche aus der Stadt auf die Lemsahler Felder regnete und die Sonne für Tage nicht zu sehen war, änderte sich auch im kleinen Doppeldorf das Leben. Zu Hunderten kamen die Ausgebombten aus Rothenburgsort und Barmbek, auch aus Sasel, hinaus aufs Land. Sie bauten sich Holzhütten mit Schrebergärten, aus denen später die Pfefferkrug-Siedlung oder die Häuser am Raamkamp und am Bilenbarg entstanden.

Noch lange nach dem Krieg mußten die Lemsahl-Mellingstedter – wie in den Jahrhunderten zuvor – durchs Rodenbeker Quellental nach Bergstedt zur Kirche gehen. Erst als in den fünfziger Jahren die Bevölkerungszahl um einige hundert Neubürger anwuchs, wurde am Madacker eine Pfarrstelle eingerichtet. Das war Ende 1959, ein Außenposten der schönen alten Bergstedter Kirche. Erst im Herbst 1962 entstand die selbständige Kirchengemeinde Lemsahl-Mellingstedt, freilich noch ohne eigene Kirche. Immerhin wurden in den siebziger Jahren Gemeinderäume gebaut, eine Küsterwohnung und vor allem ein langersehnter Kindergarten. Das war zu Zeiten der Pastoren Buschmann und, nach ihm, Moscovici. Am 27. September 1987 war es dann endlich soweit: Ein bescheidener Glockenturm, zwölf Meter hoch, machte aus dem Gemeindezentrum eine richtige kleine Kirche. Der damalige Ortsgeistliche Dr. Günter Schulze begrüßte zur Einweihung neben dem Propst Helmer-Christoph Lehmann auch Pastor Helmut Rösel, der die erste Pfarrstelle – seinerzeit noch als Bergstedter Vorwerk – innegehabt hatte. Ein neues Haus für den Gottesdienst war schon 1973 entstanden. Drei Glocken aus einer Karlsruher Gießerei – 370, 235 und 160 Kilogramm schwer – läuten an jedem Samstagabend den Sonntag ein. Zusammen lassen die drei Klangkörper aus Kupfer, Zinn und Bronze ein Te-Deum-Motiv erklingen. Die große Glocke bringt es auf 59, die mittlere auf 62 und die kleine auf 65 Schläge in der Minute. Heute leitet das Pastorenehepaar Katja und Jochen Hose die Gottesdienste am Madacker.

Neben der Kirche tragen vor allem die Feuerwehr, der Lemsahler Sportverein und ganz besonders der Heimatbund – wohl der größte und aktivste Bürgerverein weit und breit – zum Gemeinschaftsgefühl der Lemsahl-Mellingstedter bei. 1890, fast fünfzig Jahre nach dem großen Brand von Hamburg (1842), wurde im Doppeldorf an der oberen Alster eine Freiwillige Feuerwehr gegründet, angeführt von Otto Hubatsch. Auf dem Lemsahler Dorfplatz zogen die Männer ein Spritzenhaus hoch, und wer von den Bauern bei Ausbruch eines Feuers mit seinen Pferden als erster zur Stelle war, um die Handdruckspritze zu bespannen, bekam eine Prämie. Vierzig Jahre später präsentierten die Männer um Wilhelm Kramp, Karl, Franz und Gustav Fick, Emil, Hermann und Gustav Offen und Julius Backe stolz die erste Motorspritze; erst im Krieg kam ein Mannschaftswagen dazu. Heute ist aus der Eimerkette von 1890 eine schlagkräftige Truppe von knapp dreißig Männern (und einer Frau: Petra Dalldorf, Tochter von Tankwart Ingo Dalldorf) geworden, gut ausgebildet an vier modernen Fahrzeugen und geführt von Bernd Finnern, der

Bis heute kommen die Stammkunden der Lemsahler „Landbäckerei Offen" auch aus anderen Alstertal- und Walddörfern.

So wie die Alstertal-Orte haben auch die beiden Walddörfer Lemsahl-Mellingstedt und Duvenstedt ihren Anteil am Alsterwanderweg. Viele Lemsahler beginnen ihren Wochenendspaziergang am Trillup, wo das Rodenbeker Quellental in die Bergstedter Feldmark übergeht.

So schön ist Lemsahl-Mellingstedt: Blick vom Kielbarg nach Osten, über das Wiesental der Horstbek hinweg. Hier ungefähr verlief in alten Zeiten die Grenze zwischen Lemsahl und Mellingstedt.

Im Herzen des alten Dorfes: der Schleswig-Holstein-Findling mit dem Datum „24. März 1848“ (Schlacht bei Itzstedt) und dem Gelöbnis „Up ewig ungedeelt“. Das Datum 1898 steht für die Aufstellung des Gedenksteins.

Stimmung am Stammtisch im Gasthaus „Offen“: „Opa Horst“ gibt mit seinem Akkordeon den Ton an (oben).
Im Altenteilerhaus des ehemaligen Krachtschen Hofes hat früher einmal der Ziegelmeister von Trillup gewohnt.

Über künstliche Seen und das Grün der Golfanlage fällt der Blick auf die feinste Herberge des Alstertals – das Marriott-Hotel „Treudelberg", 1992 auf dem Gelände des ehemaligen gleichnamigen Gutshofes erbaut.

Der 18-Loch-Kurs Treudelberg, einer der schönsten Golfplätze Norddeutschlands: Auf der 73 Hektar großen Anlage, wo einst Kartoffeln und Getreide geerntet wurden, wachsen über 2000 neu angepflanzte Bäume und Büsche.

Nur das alte Herrenhaus (im Bild) und einige Landarbeiterhäuser an der Lemsahler Landstraße sind vom einstigen landwirtschaftlichen Großbetrieb geblieben. Im Herrenhaus wohnt noch immer die ehemalige Gutsbesitzerfamilie Dreckmann (links).

Die Kupferteiche hinter dem Golfhotel „Treudelberg" erinnern an die Kupferproduktion im 18. Jahrhundert, die von den Herren auf dem Poppenbütteler Gut Hohenbuchen initiiert wurde.

ansonsten seit zwanzig Jahren als Forstwirt durch den Duvenstedter Brook pirscht.

Nicht ganz so traditionsreich wie die Feuerwehr, aber immerhin auch schon seit über 30 Jahren, bemüht sich der Lemsahler Sportverein um Gemeinsinn im Dorf. Paten waren die Feuerwehr und der Heimatbund, als der neue Verein am 21. April 1967 im Saal von Offen ins Leben gerufen wurde. Dort, auf der Diele von Karl-Heinz Pieper, turnten die Kinder, bis Anfang 1971 die Sporthalle der Schule Redderbarg eingeweiht werden konnte. Heute fühlen sich mehr als 1500 Mitglieder im LSV wohl. Sie turnen, tanzen, spielen Fuß- und Volleyball in 32 verschiedenen Abteilungen, von Aerobic bis Yoga.

Der Heimatbund sorgt für Gemeinsinn

Wichtigstes Bindeglied zwischen Alteingesessenen und Neubürgern aber ist der Heimatbund, eine Bürgervereinigung, um deren Aktivität und Kreativität die Lemsahl-Mellingstedter von manchen Orten in der Nachbarschaft beneidet werden. Ursprünglich, Anfang 1964, hatten einige Lemsahl-Mellingstedter Angst, ihr Dorf könne zu sehr ins Abseits geraten, vergessen vom Hamburger Rathaus, von Wandsbeker Bezirkspolitikern und vom Ortsamt in Volksdorf. Zunächst ging es um handfeste kommunalpolitische Belange: um Baupläne, Kanalisationsarbeiten, um das Sportzentrum am Fiersbarg, um Umweltschutz, Bürgersinn und Integration der neu hinzugezogenen Mitbürger. Schon bald wuchs die Mitgliederzahl auf über 700 an, und irgendwie lief es dann umgekehrt: Nicht die Sorge um das Vergessenwerden stand im Mittelpunkt, sondern vielmehr die Furcht vor zu schnellem Wachstum, vor Verstädterung und Anonymität. Dagegen setzten die Heimatbündler, allen voran über viele Jahre der selbstbewußte und ideenreiche Jurist Dr. Frank Lorbeer, plattdeutsches Theater bei Pieper, Musikabende und Dichterlesungen in der Kirche, Ausflüge und Treffen auf dem Dorfplatz. Zusammen mit der Feuerwehr richten die Aktiven vom Heimatbund noch immer alljährlich Holzstapel fürs Osterfeuer auf und rufen zwei Wochen später zum großen Frühjahrsputz im Dorf mit anschließendem Erbsensuppenessen. Nach wie vor hat aber der Heimatbund auch ein wachsames Auge auf neue Baupläne östlich der Lemsahler Landstraße.

Seit aus dem Hof Treudelberg ein fashionables First-Class-Hotel – das einzige in Hamburg mit eigenem Golfplatz – geworden ist, gilt Lemsahl-Mellingstedt durchaus als „Adresse". Binnen weniger Jahre haben sich die Grundstückspreise fast verdoppelt, die Einwohnerzahl stieg von 3300 im Jahre 1990 auf fast 7000 1997. Zwischen den Osterfeuern im alten Ortskern und auf dem Golfplatz liegen nur ein paar hundert Meter, aber mancher mag meinen, daß sie Welten trennen. Denn hier gibt es Bier, Bratwurst und Schmalzbrote, hier spielen die Kinder der vielen jungen Familien vom Bilenbarg und Fiersbarg auf den Lehmhügeln neben dem Feuer, dort werden Sekt und feine Häppchen unter weißen Schirmen verkauft, hier trifft sich das Dorf und dort die Jeunesse dorée. Auf Treudelberg geht es halt stilvoll zu, seit Bürgermeister Henning Voscherau am 27. Mai 1992 das Hotel eröffnete. Zuvor hatte Claus-Peter Dreckmann 32 Jahre lang ein großes Gut betrieben, anfangs Schweinezucht und Milchwirtschaft, später nur noch Ackerbau und eine Pferdezucht mit Reiterhof. Die Golfplatz-Idee war schon in den dreißiger Jahren diskutiert worden, als noch Claus-Peters Adoptivvater Hans Dreckmann Herr auf Treudelberg war. Der Name geht übrigens auf die Treidler zurück. Das waren Schiffer und ihre Frauen, die ihre Frachtkähne auf der wasserarmen Oberalster gegen die Strömung „treidelten", das heißt: Die Frauen zogen an einem Seil vom Ufer aus, während die Männer im Kahn mit langen Staken den Kurs hielten. Oberhalb vom heutigen Treudelberg, nicht weit von der Mellingburger Schleuse entfernt, endete das Treideln; von dort aus konnten die Kähne allein mit Staken bewegt werden.

Wo heute Golf- und Hotelgäste aus aller Welt an der Bar sitzen und über die Schwierigkeiten am elften Loch fachsimpeln, hockten früher Reiter in ihrem rustikalen „Casino". Claus-Peter Dreckmann erinnert sich: „Abends war die Luft dort so dick, daß manchmal der Rauchmelder von allein anging …" Heute bietet das Hotel mit über hundert Mitarbeitern, 135 Zimmern und zwei Suiten, das seit März 1996 zusätzlich den Namen der renommierten US-Gesellschaft Marriott führt, eine gepflegte Gastronomie.

Manchmal verschlägt es den einen oder anderen Golfer oder Konferenzteilnehmer ins Dorf. Er mag dann vielleicht „Bauer" Evers

So sah das Herrenhaus vom Gut Treudelberg im vergangenen Jahrhundert aus.

auf dem Weg zum Feld begegnen, oder er schaut verwundert zu, wie Oma Sprotte vor ihrem alten Backsteinhaus Kartoffeln schält und Eier sortiert; vielleicht sieht er auch die Lemsahl-Mellingstedter, wie sie am Sonntag zur Kirche oder abends zu Kalle ins Gasthaus gehen: das Idyll am Rande der Millionenstadt. Manches ist geblieben, wie es immer war. Zwar knattert niemand mehr – wie noch vor fünfzehn Jahren die ehemalige Kindergärtnerin, Musiklehrerin und Heimatbundaktivistin Maria Böhrs mit über 70 Jahren – auf dem Mofa durchs Dorf; überhaupt ist die Zahl der Originale deutlich kleiner geworden: Auch Bruno Grüneberg, Architekt und alter Soldat, bittet nicht mehr, feldmarschbereit angezogen, in schnarrendem Ton bei Offen um sein Bier, und um den fast 90 Jahre alten plattdeutschen Barden vom Raamkamp, Martin Cordes, ist es naturgemäß auch etwas stiller geworden. Anneliese Lammers freilich, einst eine gute Seele des alten, längst abgerissenen „Spar“-Ladens am Tannenhof (auf der linken Seite, wo heute teure Eigentumswohnungen stehen), zieht noch immer mit ihrer Kamera durchs Dorf, um die gemütlichen Ecken zu allen Jahreszeiten für ihren Kalender festzuhalten. Bis nach Australien verschickt sie ihre selbstgeklebten Heimatgrüße, und auf jedem Weihnachtsmarkt im Alstertal sind diese Fotokalender begehrte Geschenkartikel. Ach ja, und Frau Koch aus dem neuen „Spar“-Laden am Tannenhof wollen wir nicht vergessen; sie ist sicher kein Original, aber doch die netteste Supermarktkassiererin im ganzen Alstertal („Na, mein Lütten, hast du denn noch zwei Groschen für mich? Nee? Na, dann bringt deine Mami sie beim nächsten Mal vorbei …“).

Und natürlich Kalle mit seinem Gasthaus – er zieht originelle Typen an, weil er selber zu ihnen gehört, ein Charakter, wie er auch unter Wirten selten geworden ist. Von den Bratkartoffeln dort haben wir schon genug geschwärmt. Und im Dezember, wenn es wieder „Pott“ heißt, werden, wie jedes Jahr um die gleiche Zeit, zehn halbe Schweine ausgespielt. Also Kalle, schenk weiterhin ein und mach Striche!

Duvenstedt

Neben 150 Jahre alten reetgedeckten Fachwerkhäusern – wie dem Restaurant „Alster-Au“, das dieses Bild zeigt – stehen postmoderne Appartementhäuser in Quittegelb. Glas- und Stahlkonstruktionen, in Backstein verpackt, prägen immer mehr den Ortskern, riesige Neubauviertel wachsen aus der Feldmark, der Verkehr staut sich im alten Zentrum – Duvenstedt, bis vor kurzem noch ein Bauerndorf abseits vom Großstadtgetriebe, hat sich innerhalb von nur zehn Jahren stark verändert. Und doch finden sich inmitten des Umbruchs noch zahlreiche Oasen der Stille, geschätzt und gehütet von den Duvenstedtern, die ihren Stadtteil nach wie vor als Dorf ansehen.

Backstein und immer mehr Neubürger

Der Weg ins neue Zentrum des Hamburger Nordens, in das kleinste und bis vor wenigen Jahren auch noch dörflichste, führt aus Richtung Poppenbüttel und Lemsahl an einem dunklen Tannenwald entlang, vorbei an Wiesen und weit auseinander liegenden Villen aus den Gründerjahren. Körners Treibhäuser und Ländereien werden passiert, und wer dort zu Beginn des Frühjahrs auf den Baumschulacker schaut, freut sich, daß der nach wie vor mit dem Roß gepflügt wird. Rechter Hand, kurz vor der Einmündung in den Specksaalredder, nur einen Steinwurf vom

Einst beliebter Dorftreffpunkt: Carl Idens Gasthof „Zur Linde".

Großparkplatz am Minimalmarkt entfernt, hatte der Blick bis vor kurzem freie Bahn über ein Feld. Aber seit 1996 entstehen auch hier Reihenhäuser und Stadtrandvillen, verbunden durch ein Netz neuer Wege und kleiner Straßen. Der Anfang war längst gemacht: Am Trilluper Weg, wo seit ein paar Jahren neue Architektur die Koppeln von einst verdrängt hat, entstehen Stichstraßen, die nach alten Flurbezeichnungen benannt sind – Roggenkoppel, Hehselrehmen, Feldblick. Und vom Specksaalredder geht neuerdings der Abelskamp ab, auch die Straßen Rapsfeld und Vörn Voßbarg.

An seinen Rändern scheint Duvenstedt auszufransen; im Kern aber, vom wachsenden Verkehr geradezu aufgewühlt, versucht es mühsam, sein Gesicht zu bewahren. Backstein prägt dieses Gesicht, hier hellrot, dort dunkelrot, mal angejahrt, mal im Stil der alten Zeit nachgebaut, klassisch wie bei den neuen Geschäften im oberen Dorf („Baben Dörp"), zu denen die „Hoisbütteler Mühlenbäckerei", ein Geschenkeladen und ein Kosmetiksalon gehören, oder ganz im Stil der hamburgischen Postmoderne, mit viel Glas und einer Stahlhaube, wie beim Verwaltungsgebäude des alteingesessenen Getränkehändlers Bohnhoff.

Ein Vormittag an der Kreuzung Poppenbütteler Chaussee, Duvenstedter Damm und Lohe. Der Verkehr ist lebhaft, manchmal so unübersichtlich, daß über eine Ampel an dieser Ecke nachgedacht werden muß. Monsieur Georges, der Wirt des feinen Restaurants „Le Relais de France" steckt die Speisekarte in den Aushang: Entenlebertrüffeln auf Apfelgelee werden heute abend als Vorspeise angeboten, auch Fines de Claire-Austern, danach kann zum Beispiel zwischen Filets vom Angeldorsch in Estragon-Senf-Sauce und Hummer in rosa Pfeffercreme gewählt werden. Früher, so sagt ein alter Duvenstedter, der neben mir steht und kopfschüttelnd die lange Schlange der Autos beobachtet, die vom Damm auf die Chaussee einbiegen oder geradeaus in den Puckaffer Weg fahren wollen, früher also hat es hier Rundstück warm, ein Schnitzel und einen ordentlichen Schnaps gegeben, viel mehr nicht. Da stand nämlich an dieser Stelle Idens Gasthof „Zur Linde". Einmal in der Woche rückte hier ein Anwalt mit seinem Aktenträger an, um die Zwistigkeiten im Dorf zu schlichten. Meistens versöhnten sich die Parteien bei einem anständigen Korn – wobei es allerdings selten bei einem blieb. Die alten Duvenstedter schmunzeln noch heute, wenn sie daran denken, wie nach einem solchen Versöhnungsbesäufnis der Herr Rechtsanwalt mal mit einem Ziegenbock getanzt hat. Wahrheit oder Legende – jedenfalls ging es in der „Linde" hoch her, wenn der Gesangverein übte oder die Männer von der Feuerwehr ihre Einsatzpläne austüftelten.

Ach ja, früher. Da war dort, wo jetzt die Telefonzelle steht, also gegenüber von „Elektro-Ellerbrock" (Backsteinhaus, versteht sich), das Spritzenhaus der Freiwilligen Feuerwehr. Und wenn es geregnet hatte, blieben auf dem sandigen Duvenstedter Damm die Fuhrwerke oft genug im Schlamm stecken. Vor dem Krieg prägten mindestens zwei Dutzend große und kleinere Bauernstellen den Ort, die weitverzweigte Familie Iden war gleich mit mehreren Höfen vertreten. Und bis heute pflegt ein Iden – Karl, dessen Vater Alfred Heinrich und Großvater Franz Gustav auch Landwirte waren – im Ellernbusch auf einem Hof gegenüber der traditionsreichen „Bäckerei Schacht" rund 40 Pferde und baut Getreide in der Nachbarschaft an. Auch die Ellerbrocks, eine ebenso weitverzweigte Duvenstedter Familie – ein Schnack besagt, wer nicht Iden heißt in Duvenstedt, der heißt dann aber gewiß Ellerbrock, allenfalls noch Obertopp ... –, gehörten einst zum „Bauernadel" im Dorf; wo heute „Elektro-Ellerbrock" die vielfältigsten Küchen weit und breit zeigt, roch es vor dem Krieg auch nach Stall und Hof. Verschwunden wie die Bauern von einst sind auch die alten Handwerke. Da war einmal der Sattler Appel, zwischen dem Edelfranzosen und „Öl-Iden" – das Fachwerkhaus steht sogar noch –, es gab allein drei Schuster, Krogmann, Kracht am unteren Specksaalredder und Ohlen an der Poppenbütteler Chaussee, und schließlich die alte Schmiede, die erst 1996 abgerissen wurde. Der Trilluper Weg war Ende der zwanziger Jahre immerhin schon bis zum Specksaalredder mit Kopfsteinen gepflastert, ebenso wie der Ellernbusch und ein Teil der Lohe bis zum Tangstedter Weg. Damals verkehrte schon nicht mehr der Pferde-Omnibus, der bis zum Ende des Ersten Weltkriegs zwei- oder dreimal in der Woche von der Post in Richtung Hamburg gefahren war. Wie sah denn Duvenstedt überhaupt aus, vor sechzig, siebzig Jahren? Die meisten Duvenstedter hielten sich ein paar Hühner und mindestens ein Schwein; gegenüber der Schule stand die Räucherkate, wo die Schinken unter der Decke hingen. Im eigenen Garten wurden Kartoffeln und Gemüse angebaut. Beim Bauern nebenan kaufte man vor allem Milch, im Winter auch Grünkohl und Steckrüben. Die Dorfschulmeister, allen voran Johann Körner, über den noch zu berichten sein wird, und die Männer von der Liedertafel sorgten für Kultur im Dorf, und die Frau des Tuchhändlers Peiniger versorgte die Dorfjugend in der Sonntagsschule mit frommem Gedankengut. Die Dorfärzte kamen aus Wohldorf, entweder der bekennende Ludendorffanhänger Dr. Fleck oder, hochgeschätzt, bis die Nazis ihn verfemten, Dr. Alwin Gerson, der seine Patientenbesuche stets mit dem Fahrrad machte und anschließend die Rezeptorders per Telefon und selbstverständlich auf lateinisch an den Poppenbütteler Apotheker Piepenbrink durchsagte.

Nur wenige Fachwerkhäuser trugen ein Reetdach. Die meisten Katen waren mit Ziegeln gedeckt, und die Häuser der einfachen Landarbeiter und kleinen Handwerksgesellen waren aus Brettern gezimmert und mit geteerter Wellpappe gedeckt. Wohlhabend war hingegen Hugo Iden, der Lindenwirt, dem auch große Ländereien gehörten und ein Karpfenteich, aus dem 1937, kurz vor dem Anschluß an Hamburg, das Freibad entstand. Es wurde zunächst vom Wittmoorgraben gespeist, der parallel zum Mesterbrooksweg läuft, und das Wasser war meistens braun vom Moor, aber sauber. Längst liefert ein Tiefbrunnen das viel kältere Wasser für das Naturbad, das sich noch immer großer Beliebtheit erfreut und heute von einem rührigen Verein betrieben wird.

Sorge um die Identität

Den meisten alten Duvenstedtern wird weh ums Herz, wenn sie sehen, wie sich ihr Dorf nahezu tagtäglich verändert, wie es gerade dabei ist, zu einem zersiedelten Schlafstadtteil zu werden, so wie Bergstedt und womöglich irgendwann sogar wie Poppenbüttel. Ohne Augenmaß und ohne Anpassung an die Nachbarschaft ist schon in den siebziger und achtziger Jahren so manches Gebäude in die Dorfmitte geklotzt worden, der „Penny-Markt" zum Beispiel, und die Sparkasse wirkt auch nicht gerade wie das fehlende Puzzleteil für die letzte Lücke. Und neuerdings ... ach, die Kanarienkästen gegenüber dem Fachwerk-Hotel „Alster-Au", dort, wo bis Ende 1995 das ehemalige Kinderkrankenhaus gestanden hat ... „Chinatown" nennen sie im Dorf diese gelben „Stadtvillen", die in dreigeschossiger Holzskelettbauweise direkt neben die Alster gesetzt wurden. Wer sich an soviel „Zukunftsweisendes" gewöhnen muß, freut sich, wenn nebenan noch Typisches und sogar Symbolisches gepflegt wird. Im April 1743 hat der Halbhufner Detlev Iden jene Reetdachkate gebaut, deren Fachwerkgiebel so etwas wie das Wahrzeichen für Duvenstedt wurde, der Bürger-„Vereinigung Duvenstedt" dient er jedenfalls als graphisches Symbol für die Dorftradition, die ansonsten immer mehr ins Abseits gerät. Seit 1972 wohnt Jürgen Reher, der ehemalige „Dorfsheriff", in dem Haus an der Poppenbütteler Chaussee 31. 26 Jahre lang hat er umsichtig und mit viel Charme für die Ordnung im nördlichsten Stück Hamburg gesorgt, hat Laternenumzüge und Schulanfänger begleitet und den zuneh-

Jürgen Reher war viele Jahre lang als „Dorfsheriff" eine geachtete Persönlichkeit im Ort. Noch immer wohnt der Pensionär in der Idenschen Reetdachkate, deren Giebel zum Duvenstedter Wahrzeichen wurde.

Diese alte Reetdachkate an der Poppenbütteler Chaussee, 1743 erbaut, wird von Jürgen Reher bewohnt. 26 Jahre hat er als „Dorfsheriff“ für Ruhe und Ordnung im äußersten Norden Hamburgs gesorgt.

Die Cantate-Kirche, am Rande des alten Dorfkerns gelegen, wurde 1967 geweiht. Sie ist zusammen mit dem benachbarten Max-Kramp-Haus das Zentrum eines überaus regen Gemeindelebens.

Das Duvenstedter Naturfreibad entstand 1937 aus einem Karpfenteich (unten).

Der Idensche Hof im Ellernbusch ist Duvenstedts letzte Landwirtschaft. Bauer Karl Iden, hier mit seinem Sohn Günther und der Stute „Cynthia", baut Getreide an und pflegt Pferde.

Das 150 Jahre alte Fachwerkhaus (oben) am Specksaalredder, gegenüber dem Gasthof „Kastanie“, war einst die Wohnung des Gemeindevorstehers Heinrich Duncker. Heute wohnt hier die Witwe des Architekten Max Peiniger.

Auf dem Gelände von „Pflanzen-Körner“: Hans Look, der 35 Jahre im Betrieb tätig war und jetzt im Ruhestand lebt, beim Pflügen des weitläufigen Geländes mit dem Arbeitspferd „Bronco“ (unten).

Seit dem 13. Jahrhundert war die Bergstedter Kirche der Mittelpunkt kirchlichen Lebens für Duvenstedt und fast alle anderen Wald- und Alstertaldörfer.

menden Verkehr im Auge behalten. Mit seiner Pensionierung 1991 verschwand nicht nur der Polizeiposten Duvenstedt, sondern auch ein weiteres Stück dörflicher Identität. Jürgen Rehers Frau Helga ist übrigens, wie sollte es in Duvenstedt auch anders sein, eine geborene Iden. Ihr Vater Hans, ein Schlachter, wurde in der Kate geboren, die später viele Jahre vom ehemaligen Wehrmachtszahlmeister Hermann Iden bewohnt wurde.

Es ist erst ein paar Jahrzehnte her, daß im Dorf noch der Stellmacher Henning Cohrs und der Hufschmied August Hatten gebraucht wurden. Der Weg zur Kirche führte nur über die Felder in Gottes gute Stube nach Bergstedt. Duvenstedt hatte, wie die übrigen Walddörfer und die anderen Orte im Alstertal, keine eigene Kirche.

Auch an die gemütlichen Geschäfte jener Zeit denken die alten Duvenstedter gern zurück, an Ernst Maas an der Lohe, der mit seinem Tempo-Dreiradwagen die Kundschaft belieferte und dessen Frau die besten Rollmöpse Norddeutschlands machte (heute wirbt an dieser Stelle eine fashionable Weinhandlung um Kunden). Oder an den Kolonialwarenhändler Karl Reiche auf dem Hökerberg, wo heute die Eisdiele wie ein Magnet vor allem auf die Kinder wirkt. Wo sich heute das „Baumhaus“ zu einem Treffpunkt der Jugend entwickelt hat, handelte in Duvenstedts gemütlichen Zeiten Rudolf Ellerbrock mit Fahrrädern und eisernen Öfen, während seine Frau im vorderen Laden Bontje und Kolonialwaren verkaufte. Wie Krämer Maas an der Lohe fungierte auch der Kaffeehändler Hamcke an der Ecke Trilluper Weg und Duvenstedter Damm als Bankfilialist, zahlte Geld aus und legte die Einnahmen der Bauern und Wirte in seinen Tresor. Und natürlich muß noch von Schöttel-Frieda erzählt werden, die in ihrem Wohnzimmer an der Lohe, Ecke Tangstedter Weg mit Tassen, Tellern und Nippes handelte. Einmal in der Woche fuhr sie mit zwei Henkelkörben zur Bäckerei Daube nach Hamburg, kaufte dort Kuchen und verhökerte ihn in Duvenstedt. Auch Zigaretten gehörten zu Friedas Angebot; bei ihr versorgte sich die Dorfjugend mit Juno rund, wenn sie dieses Laster mal ausprobieren wollte. Originale gab es in den alten Zeiten reichlich. Da war, ein anderes Beispiel, Hannes Stender, ein musisch begabter Eigenbrötler, der auf der Lohe in einer kleinen Kate hauste. Lesen und schreiben konnte er nicht, wohl aber rechnen und also handeln. Er radelte in die Stadt, kaufte dort Apfelsinen und Bananen ein und verkaufte sie mit entsprechendem Aufschlag im Dorf. Damals hatte sein Großhändler ein Wochenendhaus in Duvenstedt; also brachte Hannes, was er von Montag bis Freitag nicht losgeworden war, am Sonnabend wieder seinem Lieferanten zurück – Geld retour, versteiht sick …

Und dann war da noch Alma Snieder: In einem Backsteinhaus am unteren Specksaalredder, also im „Nedder Dörp", dem niedriger gelegenen Teil des Dorfes, handelte sie in ihrem Hökerladen mit Mehl und Grieß, schaufelte Zucker und Salz aus großen Säcken, holte Senf und Heringe aus der Tonne; sie war kaum zu sehen hinter ihren vielen Kartons und Bontje-Gläsern. Die Leute nannten sie Alma „Snieder", weil ihr Mann, Peter Heinrich Krogmann, im Hinterzimmer saß und fleißig schneiderte.

Bis heute ist ein anderes Fachwerkhaus an dieser Straße, direkt gegenüber der „Kastanie", ein Schmuckstück im unteren Teil des Dorfes geblieben. Als es um 1848 erbaut wurde, gehörte es zur Burmesterschen Hufe. Der Stellmacher Jochim Hinrich Duncker zog mit seiner Werkstatt ein und zahlte jedes Jahr am 1. Januar zwei Mark Pacht für das Land, bis Haus und Grundstück 1875 in seinen Besitz übergingen. Später wurde das hübsche Fachwerkhaus am Schleusenweg, wie dieser Teil des Specksaalredders früher einmal hieß, die wichtigste Anlaufstelle für alle Dorfbewohner. Denn Heinrich Duncker war 32 Jahre lang der Gemeindevorsteher, also so etwas wie der Bürgermeister von Duvenstedt.

Kibbel-Kabbel auf der Dorfstraße

Nach dem Zweiten Weltkrieg bezog der Architekt Max Peiniger (er starb Anfang 1996) mit seiner Familie das Dunckersche Haus. Er, an den viele Bauten in der Umgebung erinnern, auch das Haus der Jugend hat er entworfen, renovierte sein Fachwerkhaus so geschickt wie liebevoll und legte einen großartigen Garten mit Blick zur Schleuse und zum Schillingschen Reitstall an. Seine Witwe Anneliese wohnt noch heute in der ehemaligen Bauernvogtei.

Seinerzeit, im alten Duvenstedt, drückten die Kinder am Trilluper Weg die Schulbank. Das dunkelrote Backsteinhaus steht dort noch immer, ein paar Meter hinter dem Getränkemarkt. Zwei Klassenräume gab es, wo jeweils vier Jahrgänge unterrichtet wurden. Die Jungen und Mädchen vom Kakenhahner Weg, oft aus armen Torfstecherfamilien stammend, hatten den weitesten Anmarsch. Und weil viele Kinder von Bauernhöfen oder aus Landarbeiterfamilien stammten, gab es zu Erntezeiten und zum Kartoffelsammeln natürlich schulfrei. Seit Ende 1969 schicken die Duvenstedter ihren Nachwuchs in die Schule am Markt, dicht neben der Kirche und dem Max-Kramp-Haus. Bis weit in die Nachkriegsjahre hinein hatten die Dorfkinder ihren Sommerspaß an der Alster, vertrieben sie sich auf den Feldern und auf der Straße ihre freie Zeit. Das war ja vor dreißig, vierzig Jahren kaum gefährlich: Kriegen, Verstecken, Kibbel-Kabbel, Marmeln, Cowboy und Indsche hießen die beliebtesten Spiele. Und an Weihnachten, noch häufiger aber am Silvesterabend, zogen sie mit dem Rummelpott von Haus zu Haus, um Süßigkeiten und ein paar Groschen einzusammeln: „Rummel, rummel roken, giv mi 'n Appelkoken. Lot mi nich so lange stohn, ik mutt noch een Hus widergohn …" Auch dieser Brauch ist, wie so viele alte Sitten, fast ganz aus der Mode gekommen.

Zu den herausragenden Lehrerpersönlichkeiten der zwanziger, dreißiger und vierziger

Lang, lang ist's her: Den Gasthof „Friedrichshöh" gibt es gar nicht mehr, und bei der Traditionsbäckerei Schacht im Ellernbusch wird heute nach moderneren Methoden gebacken.

Wo heute die Tankstelle im verkehrsreichen Dorfzentrum steht, erhob sich einst der Haecksche Bauernhof (um 1910 aufgenommen).

Jahre gehörte Johann Körner, der sich auch als Heimatdichter hervorgetan hat; seine Enkel machten später die Baumschule am südwestlichen Dorfrand zum renommierten Grünbetrieb „Pflanzen-Körner". Heute führt Dietmar Körner mit seinen Söhnen Thomas und Thorsten die Firma, die vor allem am Wochenende ein Magnet für die Leute mit dem grünen Daumen ist.

Walter Kröger, der verstorbene Senior der Wirtschaft „Kastanie", erinnerte sich: Wenn bei Lehrer Körner Turnen angesagt war, sammelte sich das kleine Volk auf dem Schulhof am Trilluper Weg. Gemeinsam zog man über Suurwisch und die Alsterkoppel nach Rade. Johann Körner, hochgewachsen und schlank, schritt vorweg, erklärte Gott und die Natur („Schnacken konnte er wirklich gut ..."), schnitzte Flöten aus Haselholz, und wer aus der Reihe tanzte, wurde mit dem Stock wieder auf den rechten Weg gebracht. Dieser hochrespektierte Lehrer war es denn auch, der als Pensionär am 25. September 1966 die Kassette in den Grundstein zur Cantate-Kirche legte. Endlich sollte Duvenstedt ein eigenes Gotteshaus bekommen. Trotz seiner streng geometrischen Architektur, an die sich die Duvenstedter anfangs nur zögernd gewöhnen wollten, wurde es doch bald ein neuer Mittelpunkt dörflichen Lebens. Farbe und Form der sehr schönen Glasfenster, von Hanno Edelmann gestaltet, versöhnten die meisten Kirchenbesucher später dann doch mit dem sachlich-kühlen weißen Bau.

Ein Jahr nach der Grundsteinlegung wurde die Kirche geweiht, Pastor Gerhard Risch war der erste Geistliche, und im April 1969 freuten sich die Gläubigen auch über eine eigene Orgel. Aber erst im September 1992, zum 25jährigen Jubiläum der Cantate-Kirche, war das Relief über dem Portal fertig. Die fast sechs Zentner schwere Arbeit, ebenfalls von Hanno Edelmann, stellt ein Motiv aus dem Markusevangelium dar: Die Heilung des Taubstummen. Die Weihe dieses Kunstwerks hatte noch Pastor Martin Hagenmaier vorgenommen, ein weithin beliebter Geistlicher, der aber bald darauf, nach Querelen mit dem Kirchenvorstand, als Gefängnispfarrer nach Kiel ging. Sein Küster Klaus Daunicht jedoch, die gute Seele der Kirche und ein wichtiger Mann in der Freiwilligen Feuerwehr von Duvenstedt, blieb der Gemeinde erhalten. Für Deutschlands erste Bischöfin Maria Jepsen war übrigens die Teilnahme am Festgottesdienst am 6. September 1992 die erste Amtshandlung.

Die alten Sachsen und ein sagenhafter Mann namens Duwo

Kurz zuvor, 1991, hatte Duvenstedt eine Urkunde aus dem Jahre 1261 zum Anlaß genommen, um kräftig zu feiern. Es war zwar kein ganz runder Geburtstag, aber 730 Jahre Duvenstedt, so dachte man sich, das sei schon ein paar Tage der Rückbesinnung wert. Die Urkunde, in der es um die Übertragung des sogenannten Zehnten der Duvenstedter Bauern an das Hamburger Domkapitel ging, war ja ohnehin nur eine erste schriftliche Erwähnung. Der Ort, so glauben die Heimatforscher, muß viel älter sein. Darauf deutet schon der Name hin. Ein Mann namens Duwo, so geht die Vermutung, hat die Siedlung in altsächsischer Zeit gegründet. Sicher ist: Aus jener Epoche stammt der Begriff „...stedt", das heißt Siedlung, Dorf, Bauernschaft.

Hin und her gingen im späteren Mittelalter die Besitzverhältnisse: Anfang des 14. Jahrhunderts gehörte das Dorf, wie die meisten Nachbarorte, den Grafen von Schauenburg, gut 150 Jahre später den Herzögen von Lauenburg, noch einmal hundert Jahre weiter, seit 1571, dem Herzog Adolf zu Holstein-Gottorf. Sechs Bauern (Vollhufner) und zwei Kätner bestellten seinerzeit die Felder der Gegend und trieben ihr Vieh in den benachbarten Brook. Viel mehr Leute wohnten auch nicht in Duvenstedt, als das nahe Gut Tangstedt im Jahre 1683 das Dorf übernahm. Bis Ende des 17. Jahrhunderts war nicht viel zu hören von den bis dahin braven Duvenstedtern. Erst 1702, als die Wohldorfer – die ja schon damals zu Hamburg gehörten – im Duvenstedter Brook Land nur für sich urbar zu machen versuchten, gab es Krach. Denn die Weiden im Brook wurden von der Allgemeinheit aus Duvenstedt, Lemsahl, Mellingstedt und eben auch Wohldorf als sogenannte Allmende genutzt. Als die Walddorf-Hamburger Gräben aushoben, mußten die Bauern aus den anderen Dörfern mit ihrem Vieh weite Umwege machen, ja, sie hätten sich beinahe neue Weiden suchen müssen. Eine Weile erhitzte der Streit noch die dicken Bauernschädel, bis es 1750 sogar zu einem Kleinkrieg kam. Im anschließenden Kapitel über den Brook wird darüber berichtet.

Noch im 19. Jahrhundert leisteten die Duvenstedter Hand- und Spanndienste für die Tangstedter Gutsherren. 1866 wird das Dorf dem Kreis Stormarn angegliedert. Dort bleibt es, bis Duvenstedt mit dem Groß-Hamburg-Gesetz von 1937, wie Lemsahl-Mellingstedt, Sasel und die meisten Bütteldörfer im Alstertal, der Millionenstadt angeschlossen wird.

Zuvor hatten sich, wie auch anderswo im Alstertal und den benachbarten Walddörfern, wohlhabende Hamburger angesiedelt. Sie bauten, zum Beispiel am nördlichen Ende des Trilluper Weges, Landhäuser im Stil der Gründerzeit, Villen, die zwar nicht protzig wirken durften – das hätte gegen die hanseatische Etikette verstoßen –, aber doch die Dorfstruktur nachhaltig veränderten. So plante 1929 Karl Schneider, einer der wichtigen Architekten der Moderne, am Duvenstedter Damm Nr. 4 sein größtes Landhaus. Die Weltwirtschaftskrise stoppte den Bau; das Haus blieb lange unvollendet und wurde später im Stil stark verändert. Am Duvenstedter Damm und am Specksaalredder stehen noch einige herrschaftliche Häuser aus den zwanziger Jahren.

Tanz und Frohsinn in allen Sälen

Gastwirte wie die Krögers, die seit Generationen die „Kastanie" bewirtschaften, hielten sich Vieh, und wenn „Dans op de Deel" war, wurde Häcksel gestreut, und fertig war der Tanzboden. Es gab reichlich Treffpunkte der

An der Stelle dieser schönen Villa, um 1919 fotografiert, steht heute das Altenheim Garlin.

Gesellschaft, einige existierten bis weit in die Nachkriegszeit hinein. Da war die „Sennhütte", wo heute ein Grieche sein Lokal betreibt, da schenkten in der „Post", wo heute italienisch gekocht wird, Richard, Lisa und später Heinz Grabow ein gutes Bier aus. Das stattliche Reetdachhaus „Alster-Au", kurz vor der Wohldorfer Grenze gelegen, war vor dem Krieg jahrzehntelang ein ebenso beliebtes Ausflugsziel wie die „Kastanie" in unmittelbarer Nachbarschaft und, auch nur ein paar Schritte weiter, aber schon jenseits der Duvenstedter Dorfgrenze, Timmermanns „Wohldorfer Schleuse" an der nächsten Alsterbrücke. Schleusenmeister Friedrich Timmermann – die Timmermanns gehören zum „Uradel" im Alstertal und den Walddörfern – baute das Wärterhaus an der Alsterschleuse 1876 zum Gasthof aus. Als 1923 der Blitz einschlug und das Haus abbrannte, entstand wiederum ein Fachwerkbau, der noch heute die Blicke der Wanderer anzieht, die hier die Straße überqueren, um von einer

Schmucke Reihenhaus- und Einfamilienhaussiedlungen wie hier am Trilluper Weg prägen im Süden das Gesicht des Ortes.

„Chinatown" nennen die Duvenstedter die neuen gelben Häuser auf dem Gelände des ehemaligen Kinderkrankenhauses (oben).
Markantes (und gelungenes) Beispiel für die modernen Geschäftsbauten im Dorfzentrum: das Verwaltungsgebäude des alteingesessenen Getränkefachbetriebs Bohnhoff, 1995 errichtet.

Das Wittmoor im Westen Duvenstedts grenzt an Lemsahl-Mellingstedt und an Norderstedt. Wo sich heute ein Naturschutzgebiet mit Hochmoorvegetation befindet, wurde früher intensiver Torfabbau betrieben. Weite Teile des 72 Hektar großen Gebietes sind für die Öffentlichkeit nicht zugänglich.

Die Sumpfcalla, ansonsten vom Aussterben bedroht, gedeiht im Wittmoor noch recht häufig.

Etappe des Alsterwanderweges zur anderen zu gelangen. An seinem Giebel steht ein Motto, das die heimatbewußten Walddörfler schätzen: „Echtes ehren, Schlechtes wehren, Schweres üben, Schönes lieben.“ Lange erfüllte Kinderlachen das Haus, die Wohldorf-Ohlstedter Kirchengemeinde unterhielt hier ein Tagesheim für die Kleinen. Später, bis Mitte der neunziger Jahre, wurden in dem markanten Fachwerkgebäude behinderte Menschen vom Verein „Integratives Wohnen“ betreut.

Im „Alster-Au“, inzwischen ein beliebtes Hotel und Lokal für Familien- und Betriebsfeiern, verlieh seinerzeit Ferdinand Münster mit großem Erfolg Boote für kleine Flußfahrten, ein Service, der vor allem von den Großstädtern genutzt wurde. Die kamen an schönen Tagen mit Pferd und Wagen aus Hamburg oder mit der Kleinbahn aus Ohlstedt. Die letzte „Walddörfer Straßenbahn“ fuhr am 29. Januar 1961 nach Wohldorf. Mit ihr starb ein Stück der guten alten Zeit. Das Bahnhofsgebäude, ganz in der Nähe der Schleuse, steht noch heute.

Veränderungen im Dorfbild hat es natürlich zu allen Zeiten gegeben. So wurden, ein Beispiel nur, im Sommer 1963 nach heftigen Diskussionen 19 Doppelhäuser auf dem Gebiet einer alten Obstplantage am Saalkamp bezogen, die ersten in Duvenstedt. Dreißig Jahre später, 1993, war den Duvenstedtern der Rückblick auf die Siedlung, die einmal so sehr die Gemüter erhitzt hatte, ein Straßenfest und sogar einen Gedenkstein wert. So wie die Saalkamper bewiesen auch die übrigen Dorfbewohner immer wieder Gemeinsinn. Seit Mitte der neunziger Jahre geht die Sorge um, der Ortskern könne allzu brutal verändert werden. Heimatbewußte Duvenstedter wie Heinz Waldschläger aus dem Saalkamp, der für seine vielen Aktivitäten – Forschungen auf den Spuren der alten Kleinbahn, Kennzeichnung eines Walddörfer-Wanderwegenetzes mit Findlingen oder das Verfassen heimatkundlicher Theaterstücke – mit der Medaille für treue Dienste von der Stadt Hamburg ausgezeichnet wurde, warnen immer häufiger vor einer weiteren Veränderung des Milieus. Waldschläger fordert ebenso wie sein Heimatforscherkollege Heinrich Kahl aus dem Hoopwischen, Vorsitzender der niederdeutschen Schriftstellervereinigung „Fehrs-Gilde“, eine vernünftige Peripherieplanung, die den Ortsbildern gewachsener Dörfer nicht noch mehr Schaden zufügt. Ein modern wirkendes, etwas versteckt liegendes Haus an der Poppenbütteler Chaussee erregt hingegen keine Aufmerksamkeit, obwohl es sozusagen Pippi Langstrumpfs deutsches Domizil ist. Mit 25 Mitarbeitern betreut hier der Oetinger-Verlag Astrid Lindgrens weltberühmte Werke und andere Kinderbücher.

Gegenüber vom Gasthaus „Alster-Au“ wurde Ende 1991 das Kinderkrankenhaus Walddörfer geschlossen und vier Jahre später abgerissen. Mit Dankbarkeit erinnern sich viele Eltern und ihre Kinder, die dort einmal versorgt worden waren, an den langjährigen Chefarzt Werner von Ekesparre. Ein Vierteljahrhundert hat dieser weit über Hamburg hinaus bekannte Mediziner an der Klinik gewirkt, die 1949 als Ableger des im Sommer 1943 ausgebombten Kinderkrankenhauses Rothenburgsort entstanden war. Damals herrschte großer Mangel an Krankenbetten. Nach der Währungsreform baute der Hamburger Architekt Peter Pruter eine Villa um, die zehn Jahre lang leer gestanden hatte. Allein Dr. Ekesparre operierte in seiner Amtszeit von 1959 bis 1984 mehr als 20 000 Kinder. Mit der Behandlung vieler schwieriger Fälle erwarb sich das Team um den Arzt aus dem Baltikum großes Ansehen. Drei Neubauten entstanden in der Nachkriegszeit, ein Funktionstrakt, ein Bettentrakt und ein Schwesternhaus. Ärzte aus Thailand, der Türkei, aus Argentinien und China bildeten sich in der Duvenstedter Kinderchirurgie weiter. Das Krankenhaus stand immer wieder auf der Streichliste Hamburger Gesundheitspolitiker, und 1982 übernahm die katholische Kirche die Klinik. Aber auch dieser neue Träger ließ sich weder von den Hinweisen auf den idealen Standort – gute Luft und schöne, ruhige Umgebung – noch von der großen Kompetenz der 150 Ärzte und Schwestern auf Dauer beeindrucken. Noch 1980 stammten von 2000 stationär behandelten Kindern nur 400 aus dem Alstertal und den Walddörfern. Nachfolger von Werner von Ekesparre wurden Claus Janneck als Chef der Kinderchirurgie und Prof. Gerd Ruhrmann als Leiter der internistischen Pädiatrie. Nach der Schließung der Walddörfer Klinik am 31. Dezember 1991 setzte das Wilhelmstift in Rahlstedt die Arbeit des Duvenstedter Hauses fort.

1995 wurde das Kinderkrankenhaus Walddörfer abgerissen und durch umstrittene Appartementhäuser ersetzt.

Ganz schön viel Theater – und die Nachbarn schauen zu

Nach wie vor ist Duvenstedt mit etwas über 4000 Einwohnern das kleinste Walddorf am Oberlauf der Alster. Noch kennen sich die meisten Leute in den Geschäften, noch hat man seine eigene kleine Post im Ort, noch blüht der Klatsch, noch sind viele Duvenstedter miteinander verwandt und verschwägert. Wenn im Gemeindezentrum Max-Kramp-Haus, benannt nach dem Mitbegründer des früheren Hauses der Jugend, seit Ende 1969 Theater gespielt wird, schauen die Dorfbewohner begeistert zu, wie ihre Freunde und Nachbarn auf der Bühne agieren: der frühere Tankwart Jürgen Lüneburg zum Beispiel, der auch im Alltag immer ein nettes Lächeln und einen guten Schnack drauf hat, seine Frau Irene Wiebrow, die bis vor kurzem ein Schuhgeschäft geführt hat, Förster Wolfgang Koopmann aus dem Wohldorfer Wald oder Friseur Krogmann, der mit seinen Leuten „die Maske“ macht, die Schwimmbadaktivistin und ehemalige Lehrerin Ute Thiele, Feuerwehrmann Günter Obertopp, Else Iden, die manchmal souffliert, der Architekt Hans Hinrich Jürjens, der dem Duvenstedter Heimatverein vorsteht, Küster Klaus Daunicht und natürlich Ingeborg Bollow, die Seele vom Ganzen. Manchmal drängeln sich 300 Zuschauer im großen Saal des Max-Kramp-Hauses; jedes Stück wird sechsmal aufgeführt, und mit acht Mark ist so ein Theaterabend ein preiswerter Wochenendspaß – und ein heimatstiftendes Kulturerlebnis.

Max Kramp, 1982 im Alter von nur 58 Jahren gestorben, war jahrzehntelang eine der angesehensten Persönlichkeiten im Dorf. Als er in der zweiten Hälfte der zwanziger Jahre in Duvenstedt aufwuchs, hatte die Gemeinde nicht viel mehr als 300 Einwohner. Fünfzig Jahre später war sein Name ein Symbol für dörflichen Gemeinsinn geworden, und es lebten mehr als zehnmal soviel Menschen in Duvenstedt. Neben seiner langjährigen Arbeit als Vorsitzender der „Vereinigung Duvenstedt“ schuf er mit dem Haus der Jugend sein Lebenswerk.

Westlich von Duvenstedt zieht sich das Naturschutzgebiet Wittmoor bis nach Lemsahl hin und hinüber ins holsteinische Norderstedt-Glashütte. Rad- und Wanderwege führen durch einen Teil der offenen Bruch- und Heidelandschaft. Das eigentliche Moor ist für die Öffentlichkeit gesperrt. Natternkopf, Moschusmalve und Bergsandglöckchen wachsen an seinen Rändern. Naturschützer stutzen den Birkenwuchs zurück und pflegen Holunder und Weißdorn, in denen viele Vögel ihre Nester bauen. Bekassine, Krickente und der Kiebitz brüten in dieser etwas verwunschen wirkenden Landschaft, und über den Moorgräben kreist der Habicht. Eidechsen und Kreuzottern sonnen sich zuweilen auf Heinz Waldschlägers

Gemüse aus biologischem Anbau gehört zu den Spezialitäten des Ökogutes Wulksfelde, das schon jenseits der Hamburg-Duvenstedter Grenze auf schleswig-holsteinischem Gebiet liegt, sich aber in hamburgischem Besitz befindet.

Die mehr als 60 Gänse (oben) des Biobetriebs werden – wie es in alten Zeiten überall üblich war – mit dem ersten Tageslicht auf die Weide getrieben.

Zur Landwirtschaft wie einst gehört auch der Hufschmied (unten), der von Zeit zu Zeit kommt, um auf Wulksfelde die Pferde zu beschlagen.

Fast jedes Jahr im Herbst treffen sich die Reiter des Hamburger Schleppjagd-Vereins auf Gut Wulksfelde, um von hier aus der Fährte des „Fuchses“ (künstliche Losung) zu folgen. Der Weg führt sie auch durch die Alster, wie dieses Bild zeigt.

Das Herrenhaus von Wulksfelde (oben) stammt aus dem Jahre 1890, das Gut ist über 220 Jahre alt. Bräuche wie das Blasen zum Abschluß des Querfeldeinritts gehören zu den Traditionen der Hubertusreiter.

Findlingssteinen, die mit eingemeißelten Pfeilen den Weg weisen. Ein größerer Gedenkstein erinnert an das Leiden der KZ-Häftlinge, die hier während der Nazizeit in einem Moorlager unter erbärmlichen Bedingungen gearbeitet haben und oft genug daran zugrunde gegangen sind.

Ortsteile, die einstmals außerhalb lagen, wie Puckaff und Kakenhahn im Westen oder Tannenbaum im Süden, sind längst mit dem Dorf verschmolzen, und die Wiesen an der Lohe und am Wulksfelder Damm, die Duvenstedt vom Gut Wulksfelde trennen, sind kleiner geworden. Aber auf dem alten Gutshof selbst blüht neuerdings wieder das ländliche Leben. Dieses Gut ist ein Kuriosum: Es gehört der Stadt Hamburg, aber es liegt bereits in Schleswig-Holstein.

Wulksfelde, um die Mitte des 18. Jahrhunderts ein sogenannter Meierhof, war 1772 ein Gutsbetrieb geworden; der Inspektor Justus Hermann Schaeffer aus Poppenbüttel hatte es für 2600 Reichstaler gekauft. Ein späterer Besitzer, Johann Friedrich Fürstenau aus Wandsbek, richtete gegen Ende des 18. Jahrhunderts eine Kattunfabrik auf dem Hof ein und ließ auch gleich einen Kanal zur nahen Alster ausheben. Das freilich störte die Hamburger, die sich auch sofort bei der dänischen Provinzregierung in Schleswig beschwerten. Der Protest blieb jedoch erfolglos, und der Kanal konnte gebaut werden.

Dieser Fürstenau war ein weitblickender Kaufmann und ein sozial eingestellter Unternehmer. Er ließ die alte Schulkate auf dem Gut abbrechen und, größer und schöner, in Rade wieder aufbauen, damit dort mehr Kinder unterrichtet werden konnten. Diese Schule war als Nachfolgebau aus dem Jahre 1898 immerhin bis 1963 in Betrieb. Das Haus steht noch heute, aber die gemütliche Gastwirtschaft, die dort eine Zeitlang mit irischem Bier und fröhlichem Jazz viele Gäste aus dem Alstertal anlockte, hat zugemacht.

Auf Wulksfelde wurde nach 1821 kein Kattun mehr gewebt, sondern Schnaps gebrannt – Genever –, und man stellte sogar die Flaschen für die Abfüllung in eigener Regie her. Das Glas für den „Jan Ever", wie die Duvenstedter und Wulksfelder den lokalen Getreide- und Kartoffelkorn nannten, kam mit dem Alsterkahn aus Hamburg bis aufs Gutsgelände. Dort siedelten sich seinerzeit Glasbläser an. Noch später, vor etwas mehr als siebzig Jahren, ließ Gutsherr Georg Uhrlaub, Fürstenaus Nachfolger, sogar Wulksfelder Braunbier brauen. In den dreißiger und vierziger Jahren, unter dem Inspektor Hans Schmidt, war Wulksfelde schon einmal, was es heute ist: ein Mustergut.

Eine Monsterstadt war geplant

Nach dem Krieg lebte die Landwirtschaft auf Wulksfelde zunächst wieder auf. Um 1955 waren immerhin 35 Leute auf dem Hof beschäftigt. In den sechziger Jahren aber sorgten Baupläne für Unruhe in der Nachbarschaft. Auf 80 Hektar Gutsland sollte eine monströse „Stadt im Grünen" entstehen. Hamburg durchkreuzte diese Privatpläne und nutzte die Verkaufsabsichten der Gutsherren: Für 20 Millionen Mark erwarb die Hansestadt das 686 Hektar große Gut. Es sollte Teil eines Naherholungsgebietes „Naturpark Oberalster" werden. Zwischen dem Duvenstedter Brook und den Tangstedter Wäldern (Forst Wulksfelde) sollten sich künftig die Hamburger erholen, Rad-, Reit- und Wanderwege wurden angelegt. Das Gut aber verfiel langsam unter der Staatsverwaltung, und mit dem Oberalsterpark ging es auch nicht voran. Als 1989 eine Handvoll engagierter Leute unter der Leitung des Landschaftsplaners Andreas Brandt den Hof pachtete, um künftig ökologischen Landbau zu betreiben, war die einstmals weiße Farbe am Herrenhaus aus dem Jahre 1890 reichlich abgeblättert. Inzwischen haben die jungen Biolandwirte bewiesen, daß sie ohne Kunstdünger und Pestizide durchaus wirtschaftlich arbeiten können. Das zeitgemäße Konzept – Landwirtschaft im Einklang mit der Natur – wurde 1995 mit dem angesehenen Agrar-Kultur-Preis gewürdigt. Der Hofladen wird von vielen gesundheits- und umweltbewußten Verbrauchern aus dem Alstertal und den Walddörfern besucht. Die Wulksfelder Ökobauern arbeiten – wie es früher üblich war – „von Licht bis Licht", fangen also früh an, die 60 Gänse auf die Weide zu schicken, die 600 Hühner in den Auslauf zu entlassen, die Rinder zu pflegen, Zäune zu reparieren, sich mit den Nachbarn vom Biogut Wohldorf auszutauschen, Salat und anderes Feingemüse zu ernten und natürlich die biogeführte Kantine für die Mittagspause vorzubereiten. Der Raum war bis vor ein paar Jahren die „Gutsklause", wo Heinz Grabow an die Duvenstedter die Kurzen und das Bier ausgeschenkt hat.

Zum Ökobauernhof paßt das KulturGut, eine Einrichtung, die seit Herbst 1995 mit viel Engagement und einem witzigen Programm Heimatkultur vom Feinsten bietet – Lesungen, Konzerte, Diskussionsabende, Theater auf der sprichwörtlichen grünen Wiese. „Wir freuen uns, wenn am nächsten Tag die Leute beim Friseur über uns und unsere Aktivitäten sprechen", sagen Andreas Grzybowski, Maurermeister und Leiter eines kleinen Baugeschäfts, und seine Frau Christine Ax, Journalistin und Umweltwissenschaftlerin. Die beiden leiten das KulturGut und sein abwechslungsreiches Programm: „Wir wollen nicht mit dem perfekten Kulturleben der Stadt konkurrieren. Wir wollen uns bewußt ein Stück Lebendigkeit und Spontaneität bewahren." Andreas Grzybowski, von seinen Freunden und Kollegen Amadeus genannt, hat sich tief in die bunte Geschichte des Gutshofes eingelesen. Dabei stieß er auf eine historische Petitesse, die ihm gut gefiel, weil er nun weiß, daß er mit seiner Kultur auf dem Gut an eine alte Tradition anknüpft: „Im Jahre 1726 gehörten diese Ländereien einem Herrn von Ahlefeld, einem Mitbegründer der Hamburger Oper. Und schon seinerzeit fanden hier rauschende Feste mit Musik und Tanz statt ..." Einmal im Jahr strömen einige tausend Hamburger und Stormarner auf den Gutshof. An einem der ersten Oktober-Wochenenden treffen sich die Reiter des Hamburger Schleppjagd-Vereins in Wulksfelde zur traditionellen Hubertusjagd. Ein Feld von etwa 60 rotberockten Reitern jagt dann hinter einer Meute von über 300 Foxhounds her. Diese Hunde folgen einer Spur, einer künstlichen Fuchslosung, über Feld, Fluß und viele Hindernisse. Das Gut Wulksfelde ist für die Hamburger Schleppjäger übrigens historisches Terrain. Denn ihre Geschichte begann 1920 bei den 15er Husaren auf dem Wandsbeker Kasernenhof. Und diese forschen Reiter pflegten ihre Manöver am liebsten auf den Ländereien von Wulksfelde abzuhalten.

Fast sechzig Jahre, bis 1994, war die Hundemeute im abgelegenen Tangstedter Ortsteil Wiemerskamp, auf der anderen Seite des Duvenstedter Brooks, beheimatet. Dort behüteten die *Huntsmen*, so heißen bei den anglophilen Jagdreitern die Hundepfleger, ihre Tiere in *Kennels*, das sind die Zwinger, direkt hinter dem Gasthof „Heideröschen", der Anfang 1997 abgerissen wurde.

Wenn das traditionelle Halali zum Ende der herbstlichen Jagd auf dem Platz vor dem Wulksfelder Herrenhaus geblasen wird, stöbern die Besucher noch eine Weile im Hofladen und genießen die biologisch korrekten Spezialitäten an den Imbißständen. Danach dauert es allerdings meist eine gute Stunde, bis sich der Stau der Autos, die bis in den Duvenstedter Ortskern geparkt sind, wieder aufgelöst hat.

Duvenstedter Brook

Es ist eines der größten Naturschutzgebiete Hamburgs, ganz sicher aber das schönste und spannendste. Auf 780 Hektar Moor, Feuchtheide, Wiesen und Bruchwald wachsen Eschen, Erlen und vor allem Birken, aber auch Schuppenwurz, Bingelkraut und die Grünliche Waldhyazinthe. Im Herbst werden die Ausflügler zur Hirschbrunft angelockt, jedes Jahr im Frühling kehren mehrere Kranichpärchen an ihren Brutplatz zurück.

Von Räubern und roten Riesen

Ende September, Brunftzeit beim Rotwild, Hochsaison im Brook. Die Herbstnächte sind schon empfindlich kühl. Der Mond wirft helle Bahnen auf Felder, Wiesen und Lichtungen. Kniehoch wabernder Nebel läßt das Bruchland (Brook) wie eine Schneesteppe aussehen. Auf diesen Nebelbänken scheint sich der Schall besonders gut zu bewegen. Er trägt das heisere, angestrengt klingende Röhren der Hirsche zu den Siedlungen Wiemerskamp und Pfingsthorst im Norden ebenso wie an die Häuser rund um das Wohldorfer Herrenhaus am südlichen Rand des Naturschutzgebietes. Auch in Ohlstedt und in Duvenstedt können in diesen Nächten manche Leute nicht gut schlafen. Wenn dann noch das helle Schreien der Kraniche einsetzt und zu später Stunde die Käuze rufen, schaudert es manchen Spaziergänger. Viele von ihnen haben sich zwar mit Windjacken, Fernglas und Flachmann gut ausgerüstet. Aber nicht alle sind soviel Naturnähe gewohnt; die Brunft wird, jedes Jahr aufs neue, als etwas Besonderes, etwas Urtümliches empfunden. Brookförster Hans-Jürgen Unger kann diese Gefühle gut verstehen. Mehr als zwanzig Jahre hat er das vielseitigste und spannendste unter den 24 Hamburger Naturschutzgebieten betreut, ohne dabei das Staunen zu verlernen: „Wenn ich frühmorgens den Eisvogel über der Ammersbek auffliegen oder den Baumpieper fallschirmartig vom Himmel gleiten sehe, wenn ich den Mäusebussard oder, leider nur noch sehr selten, den Seeadler beobachten kann, und wenn ein paar Meter vor mir ein Rothirsch auf die Lichtung tritt, dann vergesse ich manchmal, daß ich in Hamburg unterwegs bin, nur ein paar Kilometer von so verkehrsreichen Ortsteilen wie Duvenstedt oder Poppenbüttel entfernt."

Oft steht allerdings der Wind so, daß der Flughafen in Fuhlsbüttel von Nordosten angeflogen wird; alle zwei, drei Minuten fliegt dann eine Düsenmaschine über das Moor und den Birkenwald, und die Großstadtnähe kann kaum noch in Frage gestellt werden. Das Wild, so muß man annehmen, hat sich mit dem Fluglärm besser arrangiert als mancher streßgeplagte Anwohner. Zum Beispiel freuen sich Forstleute, Ornithologen und andere Naturfreunde, daß im Brook seit langem drei oder vier, manchmal auch fünf Kranichpärchen nisten. Jedes Jahr im Mai oder Juni, den Monaten des jungen Lebens im Revier, warten die Beobachter darauf, wie viele Kranichküken wohl diesmal geschlüpft sind. In manchen Jahren wachsen acht, sogar mal zehn junge Kraniche im Brook auf. Zu anderen Zeiten gelingt es kriminellen Eierdieben, trotz strenger Bewachung durch freiwillige Helfer des Naturschutzbundes, einige Nester zu plündern. Auch allzu eifrige Fotografen und „Naturfreunde" treten den brütenden Großvögeln manchmal zu nahe.

Am spektakulärsten erscheint vielen Brookwanderern die Begegnung mit dem Rotwild. Das größte Rudel Norddeutschlands, etwa 70 Hirsche, Kühe und Kälber, wechselt regelmäßig von den stormarnschen Wildbahnen in die ungestörten Äsungsgebiete des Brooks. Eine Zeitlang sah es so aus, als fühlten sich die Hirsche im Brook nicht mehr so richtig wohl. Allein zwischen 1986 und 1988 waren fast vierzig Stück Rotwild nach Norden ausgewandert; es war ihnen zu unruhig geworden. Der Meiendorfer Germanist und Pädagoge Günther Bandick, ein Brook-Liebhaber durch alle Jahreszeiten, mochte die Flucht der Hirsche nicht so einfach hinnehmen. Er schrieb an den Senat, setzte sich mit Forstleuten und Naturschützern zusammen und erreichte schließlich, daß Abholzungen eingeschränkt wurden und endlich ein totales Hundeverbot in Kraft trat. Langsam erholte sich der Rotwildbestand. Auch ein stattliches Damwildrudel, mit mindestens 40 Stück ebenfalls das größte seiner Art im Norden, gehört zu den festen Mietern im Brook, die freilich immer wieder weite Ausflüge in die benachbarten holsteinischen Reviere unternehmen. Die kleineren und mit 40 Kilogramm wesentlich leichteren Damhirsche sind scheuer und deshalb seltener zu sehen als die Giganten des Reviers, die bis zu 100 Kilogramm schweren Rothirsche.

„Wir könnten die markantesten Geweihträger ja auch numerieren", meint Förster Unger, „aber wir finden es persönlicher, ihnen Namen zu geben." So kommt es, daß ein getreuer „Eckhardt" immer wieder seinen Auftritt auf der Waldbühne hat. Auch der „Hoisbüttler" und der „Langereiher" sind gute Bekannte der Forstleute und der regelmäßigen Brookgänger, benannt nach Ortsteilen, die ans Revier grenzen – Hoisbüttel im Süden, Langereihe, zu Jersbek gehörig, im Nordosten. Hans-Jürgen Unger kennt auch einen „Schwarzen", so heißt bei ihm ein

Achtzehnender, dessen Fell allerdings keineswegs dunkler ist als das seiner Artgenossen; ein Fernsehteam hatte den Hirsch vor Jahren so getauft, als der gerade aus einem Schlammbad gekommen war. Nur den weißen Hirsch, den manche Brook-Besucher immer wieder mal gesehen haben wollen, verweist Forstmann Unger ins Reich der Einbildung: „Manchmal fällt das Licht halt so, daß es aussieht, als röhrte da ein Albino im Nebel."

Ein Versteck für die Bauernpferde

Landschaftsformen und Geschichte des Brooks tragen ohnehin zur Legendenbildung bei. Das heute 780 Hektar große Schutzgebiet lag jahrhundertelang in abgeschiedener Einsamkeit. Im Dreißigjährigen Krieg soll es einer fünftausendköpfigen Räuberbande als Unterschlupf gedient haben. Während der Franzosenzeit, zu Anfang des 19. Jahrhunderts, versteckten die Bauern der Umgebung ihre besten Pferde in diesem damals schwer zugänglichen Moor- und Waldgebiet. Geister, Hexen, Henker und sogar der Teufel sollen hier immer wieder Zuflucht gefunden haben. Vor ihnen fürchteten sich die braven Landleute, die noch bis vor ein paar Jahrzehnten oftmals die Nacht bei ihrem Vieh und Gerät auf der Weide verbrachten. Wenn sie sich dann am nächsten Mittag bei Offen in Lemsahl oder im legendären Krug von Carl Iden in Duvenstedt die klammen Finger wärmten, machten schnurrige Geschichten die Runde. Und in den dreißiger Jahren, in der Zeit der braunen Machthaber, hatte der Hamburger Gauleiter Karl Kaufmann große Pläne mit dem Brook. Der Nazibonze wollte nämlich einen Wildpark anlegen lassen, hatte schon die ersten Hirsche aus Ungarn importiert. Hans Dreckmann, Herr auf Gut Treudelberg am Rande von Lemsahl-Mellingstedt, schrieb 1939 in der „Alsterheimat": „Welche Wildarten hier im Naturschutzgebiet neu belebt werden sollen, wird sich finden, aber den stolzen Rothirschen wird man bestimmt ansiedeln, und er wird sich so halten wie der vom Jagdpächter ausgesetzte Fasan." Goldfasane, so schmunzelten die Bauern im Krug, waren ja sowieso schon genug da. Gemeint waren die aufgedonnerten Uniformträger der Partei. Manchen Bauern wurde seinerzeit das Land im Brook für ein paar Pfennige abgeschwatzt. Es sollte ja letztlich um ein feudales Jagdrevier der damals Mächtigen gehen. Die braunen Pläne vergilbten bald, und die Bauern fuhren auch weiterhin ins Heu; wenn sie zurückkamen, brachten sie Grünzeug aus dem Brook mit, das dann die Frauen auf dem Hof zum Trocknen auslegen mußten. Immerhin standen aber, seit 1939 das „Kaufmannsche Naturschutzgebiet" eingezäunt worden war, gut „30 Stücke Rotwild, 10 Stück Damwild und zwei Mufflons" im Gehege, wie Gernot Maaß im 1989er Jahrbuch des Alstervereins berichtet. Nach dem Krieg beschlossen die hamburgischen Behörden, den Wildbestand auszubauen, zur Attraktion der Großstädter. Die Zäune verfielen rasch, und Wild aus den angrenzenden und auch aus weiter entfernten Revieren wie Segeberg, Hahnheide und Rantzau wechselte in den Brook.

Geologisch betrachtet, ist der Brook ein großes Gletscherbecken, das sich vor gut 20 000 Jahren gebildet hat. Aus lehmigen Moränen, aus der Versandung diverser Gewässer und aus Schmelzwasser entstand ein Landschaftsmosaik von großer Vielfalt und noch größerem Artenreichtum. Es ist durchzogen von Bächen wie dem Gehlengraben oder der Ellerbek (früher auch mal Jersbek genannt) und wird im Süden von der Ammersbek begrenzt, die mit zwanzig Kilometern der längste Nebenfluß der Alster ist. Südlich des Brooks und des Kupferteichs heißt sie Aue. Der Name Gehlengraben, gelber Graben, deutet auf das Erz hin, daß dieser Bach einmal mit sich geführt hat. Auch in den grünen Hügeln im Nordosten des Brooks wurde früher Raseneisenerz (auch Moorerz genannt) gefunden und zu Eisen ausgeschmolzen. Noch bis weit in unser Jahrhundert hinein gerieten den Bauern an der Grenze zum Brook zuweilen größere Erzbrocken in den Pflug.

Über Tausende von Jahren war aus der tundraähnlichen Heide ein Birken- und Kiefernwald gewachsen. Lange vor dem Beginn unserer Zeitrechnung überwucherten Laubmischwälder das Gebiet des Brooks. Erst viel später, im Mittelalter, breiteten sich Waldwiesen und Waldweiden aus, die von den Bewohnern der benachbarten Dörfer als gemeinschaftliches Weideland fürs Vieh (Allmende) genutzt wurden. Vor allem die Bauern aus Duvenstedt, Lemsahl und Mellingstedt trieben ihr Vieh auf die Allmende in den Brook. Weil aber der Triftweg – der Name erinnert noch heute an den Viehtrieb – über Wohldorfer, also althamburgisches Gebiet führte, gab

Wie verwunschen wirken die dichten Farn- und Nadelwälder zwischen dem Gehlengraben und der Ammersbek, Revier großer Rot- und Damwildverbände.

Der giftige Fliegenpilz ist nur einer von vielen farbenfrohen Tupfern im Dickicht der Moor- und Bruchlandschaft.

Im Duvenstedter Brook ist das größte Rotwildrudel Norddeutschlands beheimatet. Die großen Rothirsche sind vor allem in der Brunftzeit im September die Attraktion für die Brook-Besucher.

Eisvögel, die farbenprächtigsten Vögel unserer Region, gehören zur Familie der Racken. Sie werden etwa 17 Zentimeter lang und fangen ihre Beute durch Stoßtauchen.

Typisch für den Brook: lichter Birkenwald über Moorgras, im Wechsel mit Glockenheide und Schnabelried auf feuchtem Grund.

An Rehen herrscht kein Mangel im Duvenstedter Brook sowie in den Nachbarrevieren Hansdorfer Brook im Norden und Wulksfelder Forst im Westen (oben).

Ein Naturrevier für Liebhaber der stillen Landschaften: an der Ammersbek im südlichen Brook (unten).

es immer wieder Streit. Denn die anderen Dörfer gehörten ja zu Holstein-Dänemark, am längsten zum lauenburgischen Amt Tremsbüttel. 1475 hatte ein Knappe namens Lüder von Heest sein Amt und das Herrenhaus an Herzog Johann von Lauenburg für 9200 Lübsche Mark verkauft. Neben vielen anderen Dörfern zählten halb Hoisbüttel, ganz Wilstedt, vor allem aber Tangstedt, Duvenstedt, Mellingstedt und Lemsahl zu diesem Besitz. Und mittendrin der Brook – mit einem hamburgischen Zipfel im Süden des Bruchlandes, der seit 1437 der Hansestadt gehörte. Im 18. Jahrhundert brachten die Duvenstedter ihre Grenzprobleme sogar einmal in Moskau vor. Dort saß nämlich Zar Peter auf dem Thron, der in Kiel geboren und zugleich Herzog von Holstein war. Aber der Zar ließ die Bauern abblitzen. Daraufhin wollten diese vollendete Tatsachen schaffen, also die Grenzen und Wege zu den Tränken zu ihren Gunsten und zu Lasten der Hamburger auf dem benachbarten Wohldorfer Gut verschieben. Am 17. April 1751, gegen zehn Uhr morgens, sah der hamburgische Waldvogt Fobrian sich plötzlich einem Trupp streitsüchtiger Duvenstedter gegenüber: „... ohngefähr 88 Mann stark, Weibsvolk und Jungen mitgerechnet", hatten selbige „den Graben bei der Rade, soweit er fertig gewesen, gäntzlich niedergeworfen" und „die vier Gräntzpfähle, welche sie vormahlen weggenommen gehabt", mit sich nach Duvenstedt genommen. Bevor es zu Mord und Totschlag kommen konnte, rückte Militär aus Hamburg an. Die Duvenstedter mußten die alten Grenzgräben wieder ausheben, die sie eben zugeschüttet hatten.

Auch zu Beginn des 19. Jahrhunderts stritten sich Tremsbüttel und Tangstedt noch einmal erbittert um den Brook, der seinerzeit zum weitaus größten Teil zum Tangstedter Gut gehörte und den Duvenstedter und Lemsahl-Mellingstedter Bauern zugeteilt war. Beschwerden der Bauernvögte einerseits und des Reichsgrafen von Holmer auf Tangstedt andererseits über unklare Grenzziehungen wechselten mit Eingaben der Grafen Stolberg auf Tremsbüttel. Diesmal ist es der dänische König, Christian VII., der für ein Urteil und einen Friedensschluß im Streit um den Brook sorgt. Bei der Grenzziehung und der Verteilung der Wiesen wird auch die Qualität der Weiden berücksichtigt. Die Duvenstedter und die Lemsahler müssen jährlich zwölf Schillinge je Tonne Heu an das Gut Tangstedt zahlen, außerdem sind sie zu Hofdiensten beim Tangstedter Grafen verpflichtet. Erst nach dieser Regelung herrschte für lange Zeit Ruhe im Brook.

Sechzig, siebzig Jahre später, in der zweiten Hälfte des 19. Jahrhunderts, rumpelte eine kleine Eisenbahn mit Loren voller Torf durch den Teil des Brooks, der heute noch Stubbenbleek oder Stubbenblick genannt wird; gemeint ist ein Stück Land mit Baumstümpfen aus einer größeren Rodung. Zu Anfang des 20. Jahrhunderts lohnte sich der Torfabbau nicht mehr. Das Werk verfiel. Längst hat die Natur alle Spuren dieser einstigen Fabrik im Brook überwuchert; nichts erinnert heute mehr an den Torfabbau vor über 130 Jahren.

Mit dem Groß-Hamburg-Gesetz von 1937 erhielt die Hansestadt das ganze Revier zugesprochen. Die Allmende, das nach mittelalterlichem Recht den Bauern zugesprochene gemeinschaftliche Weideland, war schon Ende des 19. Jahrhunderts aufgegeben worden. Aber noch immer weidet Vieh im Brook. Einige Wiesen sind an Bauern aus Jersbek und Wiemerskamp verpachtet. Förster Unger ist das nur recht. Er selbst hat aus ökologischen Gründen eine Herde von 25 Galloway-Rindern aus Schottland importiert, die einzige deutsche Rinderherde, die offiziell in den Diensten einer Stadt steht. Die kräftigen, 500 Kilo schweren Tiere sollen krautige Feuchtwiesen abweiden, damit das Gras nicht etwa Knabenkraut und andere Orchideen verdrängt. Inzwischen hat sich die Herde verdoppelt – gut 50 Galloways weiden nun im Brook. Von so sanfter Art ist auch sonst die Einflußnahme der hanseatischen Forst- und Naturschutzleute. Sie haben über fünfzig Tümpel und Teiche angelegt, als Lebensräume und Laichgewässer für Frösche und Kröten, aber auch als Tränken für eine Vogelwelt, die sich im Brook in nahezu 200 Arten tummelt. Fast ausschließlich Laubbäume, vor allem Birken, prägen das Bild vieler Teile dieser für Hamburg einzigartigen Bruchlandschaft. Unger und seine Helfer halten aber auch große Heideflächen frei von Bäumen, damit Schlangen, Lurche und Libellen ihren Platz finden. Und selbstverständlich wird der Mensch in das Gesamtkonzept eingebunden. Förster Unger sieht im erholungsuchenden Bürger seinen Verbündeten: „Er wird mich unterstützen, wenn er die Natur besser kennen- und verstehen lernt." Deshalb erläutern

Schilder an den Beobachtungsschirmen vor den Wildwechseln Flora und Fauna, daher erklärt ein aufwendig gestaltetes Informationshaus am Triftweg die Natur mit Schautafeln, Broschüren und Vogelkästen.
Winter im Brook. Rauhreif und etwas Schnee haben sich auf die Wollgraswiesen und die vielen Birken und Erlen gelegt. Die Teiche sind zugefroren, auch über dem Moor liegt eine dünne Eisschicht. Eisblumen schmücken die Fenster des neuen Informationshauses. Wer genau hinschaut, sieht auf den weißgepuderten Pfaden – zum Beispiel am alten Grenzwall und im wildromantischen Professormoor – Spuren und Fährten. Die roten Riesen des Reviers, „Eckhardt“, der „Hoisbüttler“ und die anderen Könige, leben nun friedlich mit jüngeren Hirschen im Rudel. Stille liegt über dem Brook. Nur ein paar Reiter auf dem Weberstieg lassen den Schnee aufstieben. Und manchmal, zwischen zwei Flugzeugen, bellt irgendwo im Unterholz der Fuchs. Morgen, am Sonntag, werden wieder ein paar Langläufer ihre Spur ziehen. Und sie werden sich eher wie in Finnland oder wie in Kanada, nicht aber wie am Rande Hamburgs vorkommen.

Nebel verleiht der lichten Brooklandschaft einen mystischen Zauber.

Literaturverzeichnis

Boeck, Christian, Kurzer Abriß der Geschichte Wellingsbüttels, Hamburg 1947

Bucciarelli, Piergiacomo, Fritz Höger. Hanseatischer Baumeister 1877–1949, Berlin 1992

Clasen, Armin/Rehders, Walter, Hummelsbüttel und Poppenbüttel, Hamburg 1938

Das Alstertal, Ausflugsziel von damals 1890–1914, Hamburg 1975

Dehio, Georg, Handbuch der deutschen Kunstdenkmäler in Hamburg und Schleswig-Holstein, München/Berlin 1994

Fiege, Hartwig, Geschichte Wellingsbüttels, Neumünster 1982

Flesner, Hannes, Schenk ein, mach Striche. Über das Leben an der oberen Alster, Hamburg 1981

Hipp, Hermann, Kunst-Reiseführer Freie und Hansestadt Hamburg, Köln 1989

Hogetop, Edmund, Die Geschichte der Siedlungen in Sasel, Wellingsbüttel und Berne, Hamburg o. J.

Jahrbuch des Alstervereins, Hamburg, diverse Jahrgänge 1900–1995

König, Ernst, Chronik der Kirchengemeinde Wellingsbüttel, Hamburg 1989

Kossak, Egbert, Hamburg Stadt im Fluß, Hamburg 1989

KZ Sasel. Geschichte eines Außenlagers. Gedenkstätte Plattenhaus Poppenbüttel, Hamburg 1982

Melhop, Wilhelm, Die Alster, Hamburg 1932

Müller, Hans-Gerhard, Liebes altes Hummelsbüttel, Hamburg 1980

Pastor Christian Boeck zum Gedächtnis, Hamburg 1975

Poppenbüttel 1336–1986. Jubiläumsschrift, Hamburg 1986

Rackowitz, Dorothee/Baudissin, Caspar von, 700 Jahre Wellingsbüttel 1296–1996, Hamburg 1993

Rosenfeld, Angelika, Sasel. Ein Stadtteil hat Geschichte, Hamburg 1991

Rosenfeld, Angelika/Fraatz-Rosenfeld, Thomas, Poppenbüttel. Spaziergänge in die Vergangenheit, Hamburg 1990

Schiefler, Gustav, Eine Hamburgische Kulturgeschichte 1890–1920, Hamburg 1985

Schreyer, Alf, Die Walddörfer einst und heute, Hamburg 1978

Schubert, Uwe u. a., Das Alstertal im Wandel, Hamburg 1992

Schubert, Uwe u. a., Die Walddörfer im Wandel, Hamburg 1991

Staisch, Erich, Die Hamburger S-Bahn. Geschichte und Zukunft, Hamburg 1996

Straub, Maria Elisabeth, Nun wohnt mal schön!, Hamburg 1983

Verg, Erik, Das Abenteuer das Hamburg heißt. Der weite Weg zur Weltstadt, Hamburg 1997

30 Jahre Siedlung Sasel, Hamburg 1949

700 Jahre Duvenstedt 1261–1961, Hamburg 1961

725 Jahre Duvenstedt. 25 Jahre Vereinigung Duvenstedt, Hamburg 1986

Register

Bildnachweis

Farbfotos:
Urs Kluyver, Hamburg
außer:
ArchePress, Hamburg/Fotos: Helge Schulz:
S. 160/161
Archiv Egbert Kossak, Hamburg: S. 83

Alle anderen historischen Aufnahmen stammen aus Privatbesitz.
Der Abdruck des Gemäldes von Ernst Eitner auf S. 29 erfolgt mit freundlicher Genehmigung von Ernst Christian Wolters, Hamburg.

Autoren

Urs Kluyver, 1943 in Rotterdam geboren; Studium an der Folkwangschule in Essen bei Professor Otto Steinert; lebt seit 1969 in Hamburg und arbeitet als freier Fotojournalist für verschiedene deutsche und internationale Magazine; Mitglied der Focus-Bildagentur. Im Ellert & Richter Verlag erschienen seine Bücher „Harvestehude und Eppendorf", „Die Walddörfer" und die Bildreise „Schönes Hamburg".

Bernd Schiller, 1943 in Hamburg geboren, lebt im Alstertal und leitet seit vielen Jahren das Reiseressort der Zeitschrift BRIGITTE. Zahlreiche Buchveröffentlichungen, vor allem über Regionen in Asien. Im Ellert & Richter Verlag erschienen bereits seine Reisebücher „Indien" und „Israel" sowie der Band „In großen Zügen".

Dank, trotz und für Beate habe ich dieses Buch gemacht.

Urs Kluyver

Der Textautor widmet dieses Buch seiner Frau Ingrid. Ohne ihre Anregungen, ihre Hilfe und ihre große Geduld während der langen Zeit des Recherchierens und Schreibens wäre dieses Buch nicht möglich gewesen.

Bernd Schiller

Danksagung

Der Autor hat im Verlauf seiner Recherchen mit sehr vielen Alstertalern gesprochen. Sie haben mit ihren Erinnerungen, Anregungen und alten Bildern zum Gelingen dieses Buches beigetragen. Ihnen allen sei an dieser Stelle herzlich gedankt. Stellvertretend seien genannt:

Harry Gerull, Architekt des neuen Hummelsbüttel
Erich Meder, Pastor im Ruhestand
Hans-Peter Voß vom Hummelsbütteler Heimatverein
Renate Fuhrhop, Esther und Karl-August Herbrechtsmeyer, Kurt Sorge: alteingesessene Wellingsbütteler
Ernst König, Stadtteil-Wanderer und Heimatforscher
Stephan Randel, Gastronom
Vera Sommer und Irene Schmitt von der „Friedenseiche"
Ursula Willer, Motor vieler Wellingsbütteler Bewegungen
Walter Naefcke, Saseler Senior
Helma Oppermann, engagierte Saselerin
Willy Eggers und Grete Wulff, beide aus Poppenbütteler Urgestein
Pastor Dr. Reinhard Steffen von der Marktkirche
Dietrich Hünerbein vom Heimatverein
Claus-Peter Dreckmann, einst Herr auf Gut Treudelberg
„Kalle" Pieper, Lemsahler Gastwirt und Original
Dr. Frank Lorbeer, ehemals führender Heimatbündler
Herbert Baltbardis, Duvenstedter Senior
Dr. Werner von Ekesparre, langjähriger Chef des Kinderkrankenhauses
Heinrich Kahl, Heimatforscher und Mundartdichter
Horst Münch, langjähriger Alstertal-Berichterstatter
Anneliese Peiniger, Witwe des Architekten Max Peiniger
Jürgen Reher, Dorf-Sheriff im Ruhestand
Heinz Waldschläger, vielbeschäftigter Heimatkundler
Hans-Jürgen Unger, Förster im Duvenstedter Brook
Dr. Ernst und Ingrid Reusch vom Alsterverein

Bernd Schiller, im August 1997

Das Abenteuer das Hamburg heißt
272 Seiten mit 82 Farb- und 125 S/W-Abbildungen
Format 21 x 29,5 cm
Hardcover mit Schutzumschlag
DM 49,80/öS 364,–/ sFr 46,–
ISBN 3-89234-223-7

Erik Verg läßt die über tausendjährige Geschichte Hamburgs lebendig werden. In spannenden Reportagen beschreibt er „Das Abenteuer, das Hamburg heißt". Der Leser wird so zum Zeitzeugen aller bedeutenden Stationen auf Hamburgs weitem Weg zur Weltstadt und begegnet den Personen, die die Stadt im Laufe der Jahrhunderte geprägt haben. Die reich bebilderten Reportagen erzählen von der Hammaburg, vom Freibrief Kaiser Barbarossas, natürlich von Störtebeker und der Hanse, von der größten deutschen Stadt des 17. und der Kulturmetropole des 18. Jahrhunderts, von napoleonischer Besatzung, Brand und Cholera, von der Zerstörung im Zweiten Weltkrieg, dem Wiederaufbau nach 1945 und von der jüngsten Vergangenheit. Martin Verg schildert die Entwicklung der letzten Jahre nach der Wiedervereinigung Deutschlands und gibt einen Ausblick auf Hamburgs Zukunft.

Erik Verg
geb. 1919, wuchs in der alten Hansestadt Reval (Estland) auf. Er war fast 40 Jahre lang aktiver Journalist, die meiste Zeit beim „Hamburger Abendblatt". Seit 1975 ist die Geschichte Hamburgs sein Hauptthema.
Martin Verg
geb. 1971, studiert in Hamburg Geschichte und Anglistik, arbeitet als freier Journalist und Autor.

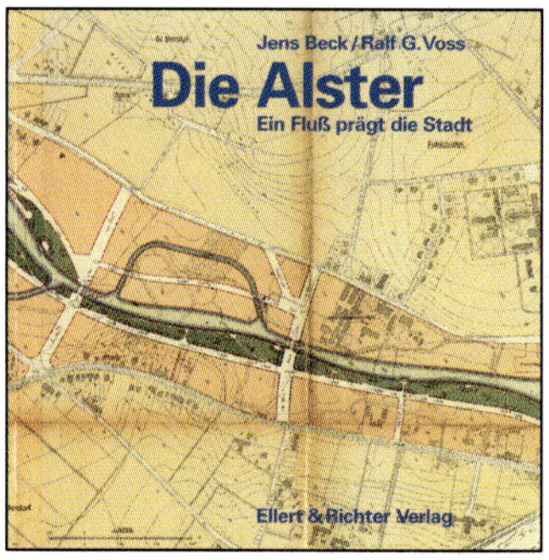

Die Alster – Ein Fluß prägt die Stadt
ca. 230 Seiten mit ca. 200 Abbildungen und Plänen
Format 29,5 x 29,5
Hardcover
ca. DM 68,–/öS 496,–/ sFr 62,–
ISBN 3-89234-692-5

Hamburgs Stadtbaugeschichte ist untrennbar mit der Gestalt seiner Flüsse und Kanäle verbunden. Die zu Beginn des 20. Jahrhunderts durchgeführte Kanalisierung der Alster ist dafür ein Lehrbeispiel. Das vorliegende Buch stellt die Geschichte der Kanalplanung, die öffentliche Auseinandersetzung über das Kanalprojekt und die architektonische, künstlerische und stadtplanerische Umsetzung dar. Daneben wird der heutige Zustand der Flächen analysiert, um vorhandene Qualitäten und deren Beeinträchtigungen zu benennen. Dabei liegt ein Schwerpunkt auf der Ausgestaltung der Grünanlagen entlang der Alster. Zahlreiche Fotografien, Karten und Zeichnungen ergänzen den sachkundigen und vielschichtigen Text. Ein wertvoller Band für Architekten, Stadtplaner und Kunsthistoriker sowie für alle, die sich für die Hamburger Stadtbaugeschichte interessieren.

Jens Beck
geb. 1965, studierte Architektur und Landschaftsarchitektur in Darmstadt und Hannover. Er beschäftigt sich schwerpunktmäßig mit Gartenkunst und Gartendenkmalpflege.
Ralf G. Voss
geb. 1967, studierte Landschaftsarchitektur in Hannover und Edinburgh. Seit 1995 ist er Mitarbeiter in einem Hamburger Landschaftsarchitekturbüro.

Hamburg –
Die grüne Metropole
344 Seiten mit 351 farbigen Abbildungen
Format 21 x 28 cm
Preis DM 49,80/
öS 364,–/sFr 46,–
ISBN 3-89234-614-3

Hamburg – das Tor zur Welt oder die grüne Metropole? In keiner Großstadt Europas verbindet sich das Flair einer Millionenstadt so intensiv mit der Faszination von Parklandschaften, Wäldern und grünen Stadt- und Freizeiträumen wie in Hamburg. Das landwirtschaftlich geprägte Urstromtal der Elbe, die Wald- und Heidegebiete im Norden und Süden der Stadt, die reizvollen Kulturlandschaften der Feldmarken, Moore und Flußniederungen von Alster, Bille und Wandse sind wichtige ökologische Bausteine einer grünen Metropole. Hamburgs Oberbaudirektor Egbert Kossak führt in Text und Bild durch das grüne Hamburg, seine Kulturlandschaften und Parkkunstwerke, die zu einer unverwechselbaren, einmaligen Stadtlandschaft zusammengewachsen sind. Dem Autor gelingt ein ungewöhnliches, selbst für den Stadtkenner häufig überraschendes Porträt der Freien und Hansestadt Hamburg an der Schwelle zum dritten Jahrtausend.

Egbert Kossak
geb. 1936 in Hamburg und dort aufgewachsen. Freier Architekt und Stadtplaner in Berlin. Ordentlicher Professor für Städtebau an der Universität Stuttgart. Seit 1981 Oberbaudirektor der Freien und Hansestadt Hamburg. Im Ellert & Richter Verlag sind bereits seine Bücher „Hamburg-Spaziergänge“, „Hamburg aus der Luft“, „Hamburg – Stadt im Überfluß“ und „Hamburg – Stadt im Fluß“ erschienen.

Die Walddörfer
Volksdorf – Bergstedt –
Wohldorf-Ohlstedt
176 Seiten mit 111 Farb- und 29 S/W-Abbildungen
Format 21 x 28 cm
Hardcover
DM 49,80/öS 364,–/
sFr 46,–
ISBN 3-89234-691-7

Die Walddörfer im Nordosten von Hamburg sind lange Zeit hamburgische Inseln im preußischen Land gewesen. Ihre Geschichte – Volksdorf als Bauerndorf, Bergstedt als Urkirchspiel und Wohldorf-Ohlstedt als Regierungssitz der Waldherren und -vögte – wirkt bis heute auf die Struktur der Orte ein. Volksdorf hat besonders seit der Jahrhundertwende und dem Bau der Walddörferschule 1930 durch Fritz Schumacher ein ungewöhnliches Kulturleben entfaltet. Bergstedt und Wohldorf waren Mühlplätze an der wichtigsten Verkehrsader des Gebiets: der Alster.
Dieser Band erzählt nicht nur die Geschichte der Walddörfer, sondern beschreibt vor allem ihre Kultur, den „Walddörfergeist“ und den Charakter der einzigartigen privaten Kreise. Der kenntnisreiche Text Karin von Behrs und die brillanten Farbfotografien von Urs Kluyver vermitteln, was diese Orte so liebenswert macht.

Karin von Behr
ist Journalistin und Autorin. Sie lebt in Volksdorf. Nach Jahren als leitende Redakteurin bei der „Welt“, der „Welt am Sonntag“ und der Zeitschrift „Architektur und Wohnen“ studierte sie Kunstgeschichte und Psychologie.
Urs Kluyver
geb. 1943 in Rotterdam, studierte an der Folkwang-Schule in Essen. Er lebt seit 1969 in Hamburg und arbeitet als freier Fotojournalist.

Impressum

Die Deutsche Bibliothek – CIP-Einheitsaufnahme
Das Alstertal : Hummelsbüttel, Wellingsbüttel, Sasel, Poppenbüttel, Lemsahl-Mellingstedt, Duvenstedt und der Brook /
Urs Kluyver/Bernd Schiller. –
Hamburg : Ellert und Richter, 1997
ISBN 3-89234-761-1

Text und Bildlegenden: Bernd Schiller
Lektorat: Dirk Brietzke, Hamburg
Bildredaktion: Anke Balshüsemann, Hamburg
Gestaltung: nach Entwürfen von Hartmut Brückner, Bremen
Lithographie: Offset-Repro im Centrum, Hamburg
Satz: KCS GmbH, Buchholz/Hamburg
Druck: C. H. Wäser KG, Bad Segeberg
Bindung: S. R. Büge, Celle